# Das Reich der Handschriftenanalyse

## Graphologie für Anfänger und Fortgeschrittene



von

Walter R. Leonhardt

© **Coverbild und Covergesamtkonzeption von JAD.** Die Unterschriftenbeispiele auf dem Cover (im Uhrzeigersinn): Alfred Hitchcock (britischer Filmproduzent), (Pablo) Picasso (Maler, Grafiker, Bildhauer), Wilhelm Busch (humoristischer Zeichner und Dichter), Mahatma Gandhi (indischer Rechtsanwalt und Menschenrechts- und Unabhängigkeitskämpfer), (in der Mitte unten:) John Hancock (Freimaurer und Mitunterzeichner der amerikanischen Unabhängigkeitserklärung), Ted Kennedy (Bruder von John, und Robert F. Kennedy; eigentlich: Edward Kennedy, führender US-Politiker der Demokratischen Partei), Elvis Presley (auch „King of Rock'n Roll" oder „Elvis" genannt, amerikanischer Sänger, Musiker und Schauspieler), Benjamin Franklin (amerikanischer Verleger, Freimaurer, Staatsmann, Schriftsteller usw., Mitunterzeichner der amerikanischen Unabhängigkeitserklärung).

**Gesamtherstellung: Bohmeier Verlag, Printed in Germany**



**ISBN 978-3-89094-664-1**

# Inhaltsverzeichnis

# I. Warum Handschriftenanalyse?

Graphologie ist eine interessante und äußerst wertvolle Hilfe, die eigene Persönlichkeit und die unserer Mitmenschen zu begreifen. Indem wir durch die Handschrift Anhaltspunkte des Charakters verstehen, legen wir den Grundstein zu einer besseren Verständigung mit unseren Mitmenschen und somit zu einem glücklicheren Dasein.
Auf der praktischen Seite des Lebens konsultieren heute den Graphologen junge Leute, die sich über ihre Fähigkeiten ungewiss sind, Eltern die gerne wissen wollen, warum ihr Sohn lieber Fußball spielt als Arzt zu werden. Männer und Frauen in allen Altersklassen, die ans Heiraten denken und sich ein Bild der „inneren Charakterzüge" des Partners machen wollen.
*Die Gründe, die zu einer Handschriftenanalyse führen, sind so zahlreich wie die Probleme des Einzelnen!*
Jeder Mensch hat seine nur ihm eigentümliche Handschrift, wie jeder seinen besonderen Charakter hat. Wie jeder Maler oder Bildhauer seiner Schöpfung ein unverkennbares Gepräge aufdrückt, durch welches man es von allen ähnlichen unterscheiden kann, so trifft dies noch in weit höherem Maße bei der Handschrift zu.

# II. Einführung

Diese Schrift bezweckt, ohne verwirrende Weitschweifigkeit zunächst eine Basis für den Laien zu schaffen, die ihn allmählich immer weiter in die Feinheiten der Schriftdeutung einführt, ihm vor allem aber die Möglichkeit gibt, sich selbst und allen denen, die im Leben so leicht getäuscht werden, wichtige Fingerzeige zu geben: *Mit wem habe ich es zu tun?*

Schriftdeutung ist in der Tat eine wertvolle und interessante Art, die Eigenschaften der Mitmenschen und sich selbst kennen zu lernen.

Doch dies allein soll nicht der Zweck dieser Studie sein. Bei den meisten Arbeitsangeboten, wie Sie schon bemerkt haben werden, verlangen heute fast alle Firmen einen „handgeschriebenen" Lebenslauf. Unter meinen Kunden befinden sich Arbeitgeber und Arbeitnehmer, Eltern und Kinder, junge Leute, die heiraten wollen und auf diesem Wege mehr über ihre Anpassungsfähigkeit an den Partner erfahren wollen. Gerade hier bewährt sich eine Handschriftdeutung hervorragend, denn der Vergleich zweier Handschriften verrät dem Auge des Fachkundigen mehr, als z. B. jegliche Art von Unterredung, wobei ja beide Teile nur darauf achten würden, einen möglichst positiven Eindruck von sich zu geben.

Eine Frau deren große, breite Handschrift auf allgemeine Großzügigkeit deutet, könnte kaum mit einem Mann, dessen kleine, zusammengepresste Handschrift auf Kleinlichkeit in Geld und Gefühlssachen hinweist, über die Flitterwochen hinaus glücklich sein.

Es versteht sich, dass ein Graphologe sich nicht erlauben kann, jemandem zu diktieren, wen er nun heiraten soll und wen nicht. Er kann lediglich gewisse Eigenschaften darlegen und der Betreffende muss dann selbst seine Entscheidung treffen. Wir haben Schwiegereltern, die ihre neue Schwiegertochter noch nicht kennen gelernt haben und eine Handschrift-Analyse der Schwiegertochter wünschen, um sich besser auf diese neue Beziehung einzurichten.

Nicht alle Erfahrungen des Graphologen sind aufregend oder amüsant. Es gibt auch Kunden, die von ihm Wunder erwarten. Sie wollen, dass er den Charakter, oder gewisse Eigenschaften eines Menschen ändere. Dies ist selbstverständlich unmöglich. Der Graphologe kann lediglich auf Charakterzüge hindeuten, so dass nun der Analysierte seine guten Eigenschaften *voll ausnützt*, sei es im Gesellschaftsleben, Berufsleben oder im Privatleben.

# III. Entstehung und Bedeutung der Graphologie

Buchstaben sind nichts anderes als Zeichen derjenigen Figuren, welche man ursprünglich an Stelle der Worte und Laute setzte, um Gesprochenes entfernt weilenden Menschen mitzuteilen. Damit entstand die *Schreibkunst*, aus der Kunst des Zeichnens hervorgegangen; der Malerei und Bildhauerei nahe verwandt. Einige orientalische Sprachen haben für Bildhauerei und Schreibkunst ein und dasselbe Wort. Aus der Bilderschrift wurde nach und nach eine Buchstabenschrift. Gedanken, Erfindungen, Erkenntnisse fanden durch die Schreibkunst eine stets wachsende Verbreitung. Das geschriebene Wort bildete den Anfang zu einem endlosen Aufstieg und *Fortschritt* der Menschheit.

In der alten und mittleren Zeit war die Kunst des Schreibens nur den Gelehrten und Priestern bekannt. Das Bücherschreiben, bei den Alten meist Sklaven oder Freigelassenen überlassen, wurde im Mittelalter den Mönchen übertragen. Da ihre Schriften häufig Meisterwerke der *Schönschreibkunst* waren, sind sie für die Graphologie oder Handschriftenbeurteilung nur von beschränktem Wert. Dies änderte sich erst, als die Bildung weiter fortschritt, das Schreiben in den Schulen gelehrt und auch von Geschäfts- und Bürgersleuten geübt wurde.

Die Betrachtung und Vergleichung dieser nach Charakter, Alter, Geschlecht, Stand und Lebenslage verschiedenen Handschriften musste zu der Entdeckung führen, dass sich viele Eigenschaften des Menschen aus der Schrift beurteilen und erkennen lassen. Diese Erkenntnis hat sich im Laufe der Zeit zu einer eigenen Wissenschaft entwickelt, die man *Graphologie* nennt.

Diese Wissenschaft ist eine wertvolle Ergänzung der praktischen Menschenkenntnis und von großem Wert gerade in unserer Zeit, die es *nötig* macht, wenigstens einigermaßen über die Eigenschaften der Menschen, mit denen wir im Privat- oder Geschäftsleben zu tun haben, Bescheid zu wissen. Früher, als es noch keine Eisenbahnen, Autos und Flugzeuge gab, waren unsere Mitmenschen durch den ständigen Aufenthalt in einem Ort sozusagen gezwungen, eine gewisse Ehrlichkeit in allen Lebenslagen an den Tag zu legen. Bei unseren heutigen Bewegungsmöglichkeiten und den zahlreichen Einwohnern einer jeglichen Stadt, sind wir in den Beziehungen zu unseren Mitmenschen leider skrupelloser geworden.

Graphologie heißt also, aus der Schrift eines Menschen seinen *Charakter* zu lesen. Ursprünglich viel umstritten, hat die Handschriftendeutung in den letzten Jahren einen regen Aufschwung genommen und wird im öffentlichen Leben (u. a. auch zu kriminellen Untersuchungen) immer mehr verwendet.

Naturgemäß ist diese Wissenschaft – ein Ausdruck, der in Zusammenhang mit der Graphologie noch umstritten ist – nicht sehr alt, denn sie konnte sich erst mit der Ausbreitung des Schreibunterrichts an allen Schulen entwickeln. Jedoch finden wir graphologische Bemerkungen bei Goethe, Shakespeare und vielen anderen. Besonders Goethe, Leibnitz und Lavater widmeten sich graphologischen Versuchen. Als der eigentliche Gründer der Graphologie kann der scharf denkende Franzose Abbé Flandrin betrachtet werden, während sich in Deutschland im vorigen Jahrhundert u. a. Adolf Henze hervorgetan hat. Der Abbé Jean Hypolite Michon bildete dann das bereits Erkannte zu einem *System* aus, zu einer Art von Regeln. Vor ungefähr einem halben Jahrhundert gab der in Hannover geborene Ludwig Klages der Graphologie den Ruf einer Exakten Wissenschaft. Frühere Graphologen haben nämlich außerordentlich viele „Zeichen“ gesammelt, deren starre Anwendung zu allem lebendigen in krassem Widerspruch stand. Vor der *schematischen* Anwendung sei jedenfalls gewarnt. Im Leben gibt es kaum eine Schrift, bei der nicht ein Merkmal durch ein anderes abgeschwächt oder verstärkt würde, so dass niemand ohne *eigenes Denken* und Erwägen zu einem *zusammenfassenden* Urteil gelangen kann.

Die Graphologie galt lange Zeit als Spielerei und Zeitvertreib bis man sich davon *überzeugte*, dass die Handschrift ein unmittelbarer *Ausdruck der Seele* und ihrer Empfindungen ist.

# IV. Was verrät die Handschrift?

Die Handschrift-Analyse verrät uns die inneren Charakterzüge eines Menschen, wie sie aus der Handschrift zu ersehen sind. Die Handschriften der Menschen sind voneinander so verschieden, wie die einzelnen Charaktere oder Persönlichkeiten unserer Mitmenschen. Wir werden kaum zwei Handschriften finden, die sich vollkommen gleichen. Genau wie wir bei Menschen, die wir gut kennen, imstande sind, den Schritt, die Stimme oder die Haltung schon von Weitem zu erkennen, so wissen wir schon bei der Betrachtung der Adresse auf einem Kuvert, dass uns ein bestimmter Freund oder eine Freundin geschrieben hat. Daraus ergibt sich, dass jeder Mensch eine gewisse Persönlichkeit in seiner Handschrift offenbart.

Manche werden nun fragen: „Aber wenn jede Handschrift verschieden ist, wie kann man da von einer Wissenschaft sprechen, da es ja keine Vergleichsmöglichkeiten gibt?“

Nun, so ist es auch wieder nicht. Obgleich jede Handschrift als *Ganzes* gesehen verschieden ist, so sind doch viele Merkmale, Einzelheiten, je nach Charakter und Bildung die gleichen. So z. B. wird eine trübe, pessimistische Gesinnung die Tendenz haben, die Zeilenrichtung abwärts zu leiten,

### A. Gehobene Stimmung

Während bei gehobener Stimmung, also einer optimistischen Gesinnung, die Zeilenrichtung aufwärts streben wird.

## B. Vorsicht, Sparsamkeit

Eine kleine, eng zusammengedrängte Schrift deutet auf Vorsicht, Sparsamkeit, evtl. Geiz usw. hin, während eine stark auseinander gezogene Schrift mit großen Buchstaben auf Ungeduld, Großzügigkeit, evtl. sogar Verschwendungssucht deutet.

Natürlich müssen auch andere Merkmale beachtet werden, denn der Geizige, der dies weiß, wird nun größer und der Verschwender evtl. kleiner schreiben.

Die Handschrift verrät also mitunter Großzügigkeit oder Geiz, bzw. auch die Gleichmäßigkeit und Nüchternheit, denn Großzügigkeit oder Geiz beziehen sich ja nicht nur auf Geldsachen, sondern auch auf unser moralisches und geistiges Empfinden. Somit kommen wir auch auf Engstirnigkeit und Toleranz, auf Willensstärke und Willensschwäche, auf Unabhängigkeitsliebe oder Unentschlossenheit usw.

All die Merkmale, die diese und viele andere Eigenschaften eines Menschen deuten, werden in den nächsten Kapiteln eingehend besprochen. Weiterhin kann uns die Handschrift zeigen, ob ein Mensch sich für eine besondere Tätigkeit eignet; ob er dabei Erfolg haben könnte. Natürlich kann man den Erfolg nicht garantieren, denn dieser hängt von vielen Umständen ab, wobei außer den notwendigen Eigenschaften, die zu einem Erfolg führen können, bekanntlich auch noch andere Umstände eintreten müssen, um uns überhaupt die Möglichkeit zu geben, unsere Talente ans Tageslicht zu bringen.

Durch die Handschrift erfahren wir weiterhin Einzelheiten über Vertrauenswürdigkeit, Zuverlässigkeit, Verhalten anderen gegenüber, über die Eigenschaften als Leiter, als Chef usw., als Ehemann bzw. Ehefrau in Beziehung auf Ehrgeiz und Temperament zu Hause und bei der Arbeit und über die Denkkraft und Denkveranlagung.

Bei Vergleichsanalysen ersehen wir die Verschiedenheiten der Zugehörigkeit zweier oder mehrerer Personen.

Der Handschriftversierte kann also einem Menschen seine charakterlichen Eigenschaften darlegen, doch wie dieser sie nun ausnützen und verwerten oder wie das Schicksal sein Leben gestalten wird, liegt nicht im Gebiet der Graphologie. Der Graphologe kann auf die Stärken und Schwächen deuten, es liegt aber an jedem selbst, diese auszunützen bzw. so weit wie möglich zu beseitigen.

# V. Begrenzungen der Graphologie

Es ist angebracht, dass ich Sie nun auch auf die Begrenzungen der Graphologie aufmerksam mache, denn viele sonst sehr gebildete Menschen glauben, Graphologie sei „Magie"!

Das ist sie nicht. Die Handschrift kann weder das Geschlecht noch das Alter verraten, denn genauso wie wir starke Charaktere unter den Damen finden, so auch schwache Charaktere unter den Männern. Ebenfalls gibt es frühreife Jungen und jugendliche Erwachsene. Geschwister, Eltern und Kinder können gänzlich verschiedene Handschriften aufweisen. Auch ist es nicht möglich Körperbehinderungen aus der Handschrift zu ersehen. Ein Taubstummer kann z. B. einen „gesprächigen Charakter" haben. Verheiratet, geschieden, ledig, Vater oder Mutter zu sein, ändern nicht den Charakter, obgleich er durch gewisse Umstände bekräftigt oder geschwächt werden kann. Auch ändert ein sozialer Stand wenig und macht einen geizigen Menschen nicht plötzlich großzügig oder einen intelligenten Menschen plötzlich schwachsinnig; obgleich manche üble Zungen dies behaupten mögen.

Auch die Arbeit, die ein Mensch verrichtet, ist nicht aus der Handschrift zu ersehen, er oder sie könnte ja einer Arbeit nachgehen, die ihm oder ihr *gar nicht* liegt!

Deshalb ist es auch einer der vielseitigen Zwecke einer Handschrift-Analyse, dem Betreffenden zu sagen, ob er für seine Arbeit geeignet ist, bzw. Eigenschaften in sich birgt, die ihn bei dieser speziellen Arbeit zum *Erfolg* führen können. Es wäre traurig, wenn ein Mann, dessen Handschrift großen Tatendrang aufweist, tagaus, tagein die gleiche monotone Arbeit in einer Fabrik verrichten müsste. Dass Eltern ihren Kindern ein Studium aufzwingen, für das sie weder ein Interesse noch eine Begabung haben. Jeder von uns kennt einige Beispiele dergleichen Missverständnisse.

## Das Alter des Schreibers

Zur Beurteilung einer Schrift wird es nötig sein, das ungefähre Alter des Schreibers zu kennen. Eine sehr zitternde und unzusammenhängende Schrift wird, gehört sie einem 80jährigen Mann, in der Altersschwäche des Urhebers bedingt sein. Bei einem 30jährigen dürfen wir ohne weiteres auf gesundheitliche Störungen schließen, besonders auf Störungen der Nervenfunktionen.

Wenn ein 25jähriger noch nicht von der Schulschrift losgekommen ist, und die Schrift wie eine Kinderschrift anmutet, werden wir seiner Intelligenz und seiner inneren Stufe (Niveau) kein großes Plus ausstellen können. Ist die Schrift eines 12jährigen Kindes ausgeglichen und macht den Eindruck der *Reife*, wird das Kind auch geistig und seelisch eine gewisse *Frühreife* besitzen.

Diese Begrenzungen sind aber, gegenüber den tatsächlichen zu ermittelnden Eigenschaften der *inneren* Charakterzüge eines Menschen, von allzu geringer Bedeutung um jemals das wissenschaftliche Vorwärtsstreben der Graphologie aufzuhalten.

# VI. Die ersten Grundregeln zur Schriftdeutung

Ich möchte zu Beginn des Stoffes dem Lernenden im eigenen Interesse raten: Lernen Sie langsam, nehmen Sie erst dann Neues vor, wenn das Gelernte fest sitzt, und verschaffen Sie sich von Anfang an alle erreichbaren Schriften, Briefe usw., um an praktischen Beispielen *sehen* zu lernen. Niemals nach diesem oder jenem vorhandenen Zeichen *sofort* auf eine Charaktereigenschaft des Schreibers schließen, immer erst das gesamte Schriftbild beachten. Erst das Abwägen der einzelnen Merkmale untereinander kann das Urteil ergeben.

Für den Anfänger kommen als Hilfsmittel am besten Schriften in Betracht, die unter normalen Umständen erzeugt worden sind. Es wird verständlich sein, dass schlechtes Licht, ungeeignete Feder, störende Umgebung, große Eile usw. die Schrift beeinflussen. Eintragungen, Notizen und Adressen auf Kuverts kommen beim Anfänger nicht in Frage. Zur Schriftprobe sind möglichst viele Zeichen erwünscht, weil die Schrift am Schluss eines Briefes natürlicher ist. Am Anfang, wo der Schreiber sich an „Papier und Feder" gewöhnen muss, fließt die Schrift nicht so hemmungslos wie später, wenn er nicht mehr darauf achtet „schön" zu schreiben, sondern einfach damit beschäftigt ist, seine *Gedanken* zu Papier zu bringen.

Man vermeide es, sich für den Inhalt der Schrift zu interessieren. Der Sinn der Worte kann nur störend auf den Betrachter des Bildmäßigen wirken. Auch der persönliche Geschmack muss ausgeschaltet werden. Wer sich durch Vorliebe für große, kleine, enge, weite, dünne oder dicke Schriften beeinflussen lässt, kann nie zu einem unparteiischen Urteil kommen.

Der Anfänger soll die jeweilige Schrift so lange betrachten, bis er einen Eindruck über das Gesamtbild der Schrift gewinnt. Insofern, dass er sich nun sagen kann: Diese Schrift hat *Rhythmus*, sie ist lebendig, gut bewegt, ihr Gleichmaß ist nicht gestört. Oder: sie ist starr, ihre Bewegung ist disharmonisch, sie stört unser Empfinden … usw. Der Lernende wird, wenn ihm reichliches Schriftmaterial zur Verfügung steht, rasch Abstufungen unterscheiden können. Je größer die Eigenart einer Handschrift und je deutlicher diese hervortritt, desto höher werden wir sie einschätzen! Je mehr die Handschrift unbeholfen wirkt, sich an die Schulvorschriften anklammert, bzw. erinnert, desto niedriger bewerten wir sie. Diese höhere oder niedrigere Eigenart nennt man „Niveau". Z. B.:

ausgezeichnet. Ich glaube
ich das wenigstens beurteil

**1. Hohes Niveau**

habe schon nachts im Bett
Ich habe mir vorgestellt wie das

**2. Niedriges Niveau**

Hier haben wir zwei Extreme, doch lässt sich das Niveau einer Handschrift in mehrere Abstufungen einteilen, die im Laufe dieses Buches noch besprochen werden. Hierzu müssen wir hinzusetzen, dass es keine Rolle spielt, ob die Schrift nun leserlich oder unleserlich ist.

# VII. Leserlich oder unleserlich

Viele Menschen, die mit der Graphologie nicht vertraut sind, haben den Hang, eine Handschrift, die gut geformt und leserlich ist, als „eine schöne Handschrift“ zu beurteilen. Einige werden sogar den Schluss ziehen, dass es sich hier um einen gebildeten und intelligenten Schreiber handle. Andererseits aber, sollte die Schrift unleserlich, die Buchstaben unmäßig und der gesamte Eindruck schlampig wirken, den Schreiber zurück in die Schule versetzen wollen. Beide Ansichten können falsch sein. Die klare, gut leserliche Schrift könnte zwar den Urheber als geistig klar erscheinen lassen – wenn sonst nichts dagegen spricht – wobei die zerzauste Linienführung, auffallende unrhythmische Randbildungen, das Fehlen von Satzzeichen, i-Punkten, den Urheber als unordentlich und unzuverlässig anmuten lassen. Doch kann es oft vorkommen, dass der Schreiber mit der „schönen“ Handschrift ein langsamer Denker und ungebildet ist und der Schreiber der unleserlichen Schrift sehr intelligent – oder auch ein ausgesprochener Esel – ist. Daraus folgt, dass eine „schöne“ oder „hässliche“ Handschrift genauso wenig auf den Charakter eines Menschen schließen lässt, wie ein schöner oder hässlicher Mensch auf Güte oder Bosheit, Intelligenz oder Dummheit schließen lässt.

Die Erfahrung und das Studium lehren den Graphologen, durch die Un- oder Leserlichkeit einer Handschrift, zwischen einer gewissen Intelligenz oder Dummheit Unterschiede zu ersehen.

Betrachten wir nun folgende Beispiele:

*zu mir und der Umwelt bekommen.*

**I. Klare, leserliche Schrift**

Diese Schrift ist klar und leserlich. Die Linienführung ist langsam und bedächtig. Wir finden keine besonderen originellen Merkmale. Wenn wir jetzt von anderen Zeichen absehen, so bedeutet dies, dass der Schreiber zwar ein klarer Denker ist, aber eine gewisse Selbständigkeit vermissen lässt. So wie er das Schreiben in der Schule lernte, so führt er es weiter. Demzufolge finden wir auch eine Bereitschaft mit anderen mitzuwirken. Dieser Schreiber hält sich an bestehende Ideen und Gedanken seiner Zeit. Es fehlt bei ihm ein geistiger intellektueller Drang.

## II. Klare, leserliche und originelle Schrift

Diese Handschrift ist ebenfalls leserlich, doch haben bestimmte Buchstaben gewisse originelle, bzw. individuelle Züge, sodass es auf einen schöpferischen Geist, eine intellektuelle Neugierde, nebst der Eigenschaft klar zu denken, deuten lässt. Wenn eine leserliche Handschrift individuelle Buchstaben aufweist, hauptsächlich Großbuchstaben, die Ausschweifungen oder Knoten entbehren, können wir auf eine interessante Persönlichkeit schließen, die bereit ist, neue Gedanken aufzunehmen und sich neuen Umständen anpassen kann.

## III. Handschriften, mit unordentlichen und verkrampften Buchstaben

Derartige Handschriften, mit unordentlichen und verkrampften Buchstaben verraten einen Geist, der weder klar noch logisch denken kann. Diese Unleserlichkeit beruht nicht auf individuellem Denken, sondern eher auf Misstrauen, Ungeduld und eine negative Einstellung gegenüber neuen Ideen. Der Schreiber ist unglücklich und schwer zu verstehen, denn seine Launen sind wechselnd, sei es in geistigen sowie in finanziellen Dingen, wobei er zeitweise großzügig oder geizig sein wird.

## IV. Handschriften, mit unordentlichen aber leserlichen Buchstaben

Diese Handschrift, die auf den ersten Blick unleserlich wirkt, aber bei genauerem Hinsehen leicht gelesen werden kann, verrät durch die Art der schnellen Federführung einen schnellen Verstand. Die Buchstaben sind einfach ohne unnütze Zugaben. Im Gegenteil, Hang zur Vereinfachung und Weglassen von allen unnötigen Strichen. Wie die Schrift, so ist auch der Schreiber ein Mensch, der mit schnellem Verstand auf das Wesentliche kommt, der neue Ideen sofort begreift und sie schöpferisch verwerten kann.

Die Person also, der unabhängig denken kann, schreibt auf diese so genannte unleserliche Weise.

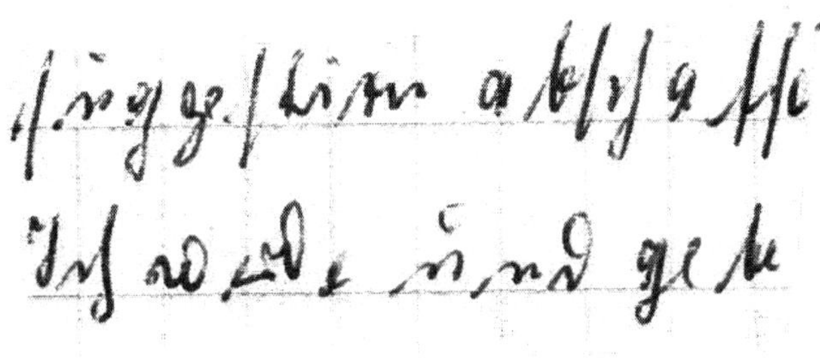

**V. a.**

unsicheren Auftretens und des
ich bei mir so festgesetzt, daß
1 habe irgendwo hinzugehen.
manchen Tagen so zerschlagen d

**V. b.**

V. a. Diese Art von Unleserlichkeit, wobei die Federführung buchstäblich außer Kontrolle zu sein scheint, ist eine Folge schwerer seelischer und geistiger Erkrankung, wobei das *Beispiel b.* nur gewisse Hemmungen, bzw. Schwermut erkennen lassen. Beachten Sie die zittrige Linienführung und einzelne gebogene Buchstaben.

Gewisse Handschriften, die entweder unleserlich oder leserlich aber zittrig erscheinen, können auf eine momentane Krankheit zurückzuführen sein, so wie gewisse nervöse oder geistige Leiden, auch können sie ein Zeichen fortgeschrittenen Alters sein. Die momentan herrschende Gemütsverfassung ist auch in der Schrift ausgedrückt, sodass es vollkommen unrichtig und als üble Zeichendeuterei zu verwerfen wäre, wollte man hinter jedem Zeichen sofort auf eine entsprechende Eigenschaft deuten. Erst wenn *mehrere* Merkmale für dieselbe Eigenschaft sprechen oder die Kombination ein Zeichen verstärkt, dürfen wir mit Vorhandensein der betreffenden Eigenschaft rechnen.

# VIII. Die Zeilenbewegung

Zugleich mit der Leserlichkeit oder Unleserlichkeit einer Handschrift fällt uns die „*Bewegung*“ bzw. ein gewisser Geschwindigkeitsgrad der Schriftbewegung auf. Aus dieser Schriftbewegung entstehen zwei Arten der Schrift, die wir näher betrachten wollen:

I. Die gebundene Schrift
II. Die ungebundene, also getrennte bis stark getrennte Schrift

Die stark gebundene Schrift kann aus Eile entstehen, das heißt: Der Schreiber bemüht sich schnell fertig zu werden und ist zu bequem, um den Schreibweg zu unterbrechen.
Die stark getrennte Schrift lässt oft auf besondere Eigenarten des Urhebers schließen. Ist sie aber nur teilweise getrennt, lässt sie auch auf sprunghaftes Denken deuten.

und harmonischen Leben

## I. Gebundene Schrift

Allgemein kann man eine gebundene Schrift mit schnellem Denken verbinden, wobei der Urheber rasche Entschlüsse zu fassen vermag, doch diese eben übereilt sein können. Finden sich in der gebundenen Schrift gewisse Merkmale, wie z. B. das u-Häubchen oder der i-Punkt mit einem folgenden t verbunden, oder ein end-Strich, der direkt zum nächsten Buchstaben führt, so können wir auf Intelligenz schließen.

nicht mehr interessiert. Durch

## II. Ungebundene Schrift

Wenn die Schrift unterbrochen ist, um i-Punkte oder andere Buchstaben anzubringen, ist der Schreiber besorgt, Kleinigkeiten nicht zu vergessen. Außerdem kann die Unterbrechung daher kommen, dass der Schreiber die Feder absetzt, um auf einem Punkt *auszuruhen*, der Gedankengang *ruht*. Bei stark denkenden Menschen eine Notwendigkeit. Dieser Schreiber denkt

langsamer, ist aber gewissenhafter als der gebundene Schreiber und nicht so schnell bereit, eine Idee oder Änderung anzunehmen. Andere Eigenschaften ergeben sich aus der Kombination verschiedener Bestandteile dieser Handschrift.
Eine Schrift, die teils gebunden, teils ungebunden erscheint, deutet auf eine gewisse Kontrolle des eigenen Ichs und ist, so wie die Schrift erscheint, ein Mittelding zwischen unserem Beispiel I. und II. Hierbei sollte man noch beachten, ob, im Ganzen betrachtet, die Schrift eher gebunden oder ungebunden ist.

Bei Betrachtungen des Gebundenheitsgrades einer Handschrift müssen auch die Merkmale der Un- oder Leserlichkeit, des Niveaus und Rhythmus und der Zeilenrichtung in Betracht gezogen werden. Der Bindungsgrad einer Handschrift lässt Schlüsse auf Intelligenz zu.

Um sich ein besseres Gesamtbild einer Schrift zu machen, sollte der Lernende den Gang der Schrift genau verfolgen und eventuell einzelne Wörter nachzeichnen, um die Art der Bindung oder die Ursache der Unterbrechungen herauszufinden. Umso origineller die Bindungen, umso intelligenter wird der Urheber der Schrift sein.

# IX. Die Bedeutung von Randbildungen

Das erste, was uns bei näherer Betrachtung einer Schrift auffällt, ist die Randbildung. Diese hat mit der Schrift nichts zu tun, doch vermitteln die weißen, offen gelassenen Ränder eines Briefes, links, rechts, oben, unten, sowie auch zwischen den Zeilen und den Wörtern, vorerst ein Gesamtbild der Großzügigkeit oder der Sparsamkeit des Schreibers. Natürlich müssen wir dann für die Bestätigung dieses Gesamteindruckes in den Zeichen der Schrift suchen, doch vorerst sehen wir, wie es mit den Randbildungen steht.

dem Chef wollte ich einmal meine
Meinung zu sagen und habe
per 1.12. gekündigt. Die neue Stelle

I.

Diesen Monat habe ich mir ganz
gewiss vorgenommen etwas
mehr zu sparen damit
ich diesen Sommer nach
Italien fahren kann,
aber ich weis nicht ob

II.

Menschen, die gerne sparen möchten, denen es aber nicht immer gelingt, fangen oben links mit einem schmalen Rand an, der sich aber allmählich verbreitert. Dies sind Menschen, die von Natur aus großzügig, aber durch Umstände gezwungen sind, sich sparsam zu verhalten (sei es notgedrungen oder durch eigene Initiative). Sie haben den guten Willen, haushälterisch umzugehen, doch will es ihnen nicht recht gelingen und dann fangen sie von vorne an, sodass wir diesen schmalen Rand oft am Anfang jeder Seite sehen.

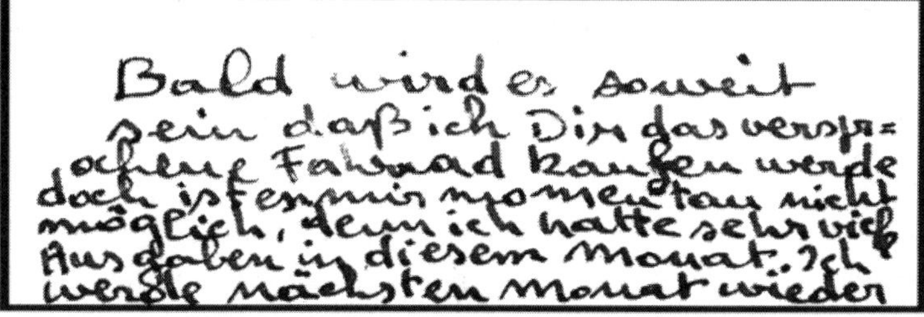

Bald wird es soweit
sein daß ich Dir das verspro=
chene Fahrrad kaufen werde
doch ist es mir momentan nicht
möglich, denn ich hatte sehr viel
Ausgaben in diesem Monat. Ich
werde nächsten Monat wieder

**III.**

Großer Rand oben, der sich nach unten verkleinert.
Hier liegt das Gegenteil vor: Der Schreiber möchte nicht gerne als sparsam angesehen werden, ist es aber. Obwohl er eventuell den Eindruck der Großzügigkeit vermitteln kann, somit auch gewisse leichtsinnige Versprechungen macht, wird er, wenn es darauf ankommt, keinen Sieg über seine angeborene Sparsamkeit davontragen.

Der obere und untere Rand eines Briefes sind auch so zu verstehen. Es muss dabei in Betracht gezogen werden, dass die erste Seite wenig oder gar keinen Aufschluss geben kann.
Allgemein sei noch gesagt, dass der übermäßige große Platzaufwand in Briefen auf eine leichte Hand im Geldausgeben deutet, aber auch auf Eile und erhöhte Ansprüche. Ist ein Brief sehr unregelmäßig in Breite und Anordnung, wird der Schreiber nicht allzu viel Ordnungssinn bekunden. Jedoch müssen wir es diesen Menschen anrechnen, dass sie die Welt nicht als Preiseinteilung betrachten, sondern das Geld als ein Mittel, nicht als das Ende, ansehen. Wenn dieser Schreiber Geld hat, gibt er es aus und hat er keines, so passt er sich schnell der neuen Lage an. Er will sich vergnügen und sieht zu, dass auch andere mit vergnügt sind. Ähnlich dem Schreiber des II. Beispiels wird er zu gewissen Zeiten versuchen, haushälterisch zu sein, doch gelingen wird es ihm selten.

gültig über meinen Beruf klar werden
wollte. Ich bin mir hier darüber klar geworden
es hat trotz überschrittener Altersgrenze alles
geklappt, und ich beginne am 20.4. das
Studium an der Pädagogischen Hochschu

**IV.**

# X. Abstände: Großzügigkeit oder Sparsamkeit

Es kommt oft vor, dass der Verfasser einer gewissen Handschrift als geizig gedeutet wird, weil die Handschrift sehr klein ist. Auch dass ein Mensch seiner großen Handschrift wegen als großzügig angesehen wird. Das ist keineswegs immer der Fall. Allein die Größe der Handschrift besagt wenig. Auch Weite und Enge der Schrift geben noch keinen eindeutigen Beweis. Erst eine Zusammenfassung der verschiedenen Merkmale kann uns hierüber Aufschluss geben.

## I. Kleine Schrift, große Abstände

Kleine Schrift, aber große Abstände zwischen den Wörtern. Ausgedehnte Buchstaben.
Kaum ein Rand links und rechts. Diese Schreiber sind sehr vorsichtige Einkäufer. Ist der untere Rand auch sehr schmal, so haben wir es in der Tat mit ausgesprochen sparsamen Menschen zu tun, die nur dann Geld ausgeben werden, wenn es sich als unbedingt notwendig erweist, und sie auch hierfür entsprechende Werte erhalten können. Diese Sparsamkeit ist aber nicht mit Vernunft zu verwechseln, denn es kann auch sein, dass Fehler gemacht werden, die aus einer falschen Einschätzung unserer Werte entstehen.
Hierzu sei noch gesagt, um eine derartige Analyse gewissenhaft durchzuführen, muss der Lernende über verschiedene Briefe verfügen. Schriften, die auf Zetteln oder kleinere Bogen niedergeschrieben sind, haben für die oben genannten Deutungen keinen Wert. Um die Eigenschaft der Großzügigkeit oder Sparsamkeit besser und anhand der Schrift zu ergründen, beachten Sie nun die Lehren des nächsten Kapitels.

Größere Abstände zwischen den Wörtern und ausgedehnte Buchstaben deuten auf Großzügigkeit. Umso größer diese Abstände sind, umso größer gestaltet sich die Großzügigkeit und kann sogar bis zur Verschwendung ausarten.

bitten, falls Sie glauben
Augenblick noch finanziell
die für mich wichtigsten

### II. Große Buchstaben, kurze Abstände

Große Buchstaben aber kurze Abstände. Dieser Schreiber ist großzügig, wenn man seine Großzügigkeit bemerkt. Seine wahre Eigenschaft ist Sparsamkeit, doch hat er, allgemein betrachtet, eine entgegenkommendere Natur als der Schreiber des nächsten Beispiels.

selbst bekommen möchte

### III. Kleine Buchstaben, enge Abstände

Kleine Buchstaben, enge Abstände. Diese Schrift deutet auf ausgesprochene Sparsamkeit, eventuell Geiz. Dieser Schreiber wird nur dann eine Ausgabe machen, wenn er selbst dadurch Nutzen oder Freude erhält.

zuwenig Zeit zum
einem aufregt, Sie
Was meinen Sie.

### IV. Mittlere Schrift, enge Abstände

Diese Schrift ist mittlerer Größe. Die Abstände sind eng und die Zeilen greifen ineinander über.
Auch dieser Schreiber ist eher sparsam. Umso mehr die Zeilen ineinander greifen, umso kleiner die Abstände zwischen den Wörtern und den einzelnen Buchstaben, umso größer die Sparsamkeit. Dasselbe trifft auch auf Handschriften mit größeren Buchstaben, doch mit denselben Merkmalen, zu.

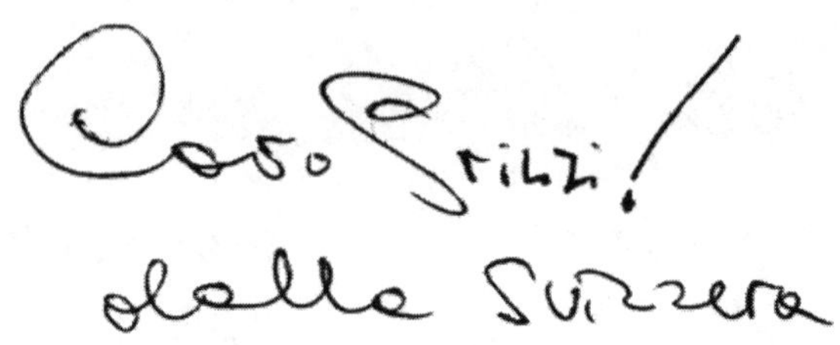


### V. Große Handschrift mit weiten Abständen

Diese Handschrift ist groß. Die Abstände sind weit.
Diese Großzügigkeit kennt keine Grenzen. Der Schreiber gibt für sich und andere aus, oft auf leichtsinnige Art, die ihm auch Schaden einbringen kann.

Am Ende sei noch bemerkt, dass der Graphologe nur auf Großzügigkeit als solche deuten kann, denn der großzügige Schreiber hat vielleicht gar kein Geld, das er ausgeben kann.
Die Handschrift aber zeigt, wäre Geld vorhanden, würde der Schreiber großzügig, sparsam, geizig oder leichtsinnig damit umgehen.

Dieses Kapitel diente allein dazu, die Großzügigkeit oder Sparsamkeit einer Handschrift und Randbildung zu deuten; genauso wie die anderen Kapitel immer in der Hauptsache die speziell angeführten Eigenschaften erklären sollen. Alle anderen Eigenschaften, die aus diesen Beispielen zu deuten sind, werden erst allmählich im Laufe des Buches beschrieben.

# XI. Zeilenrichtung: Positive und negative Einstellung

Wenn wir die *Richtung* der Zeilen betrachten, so fallen uns auf:

1. die Steigende
2. die Fallende
3. die Waagerechte
4. die Wellenförmige

Selbstverständlich kommen für diese Betrachtung nur auf unliniertem Papier handgeschriebene Proben in Frage (obgleich auch bei liniertem Papier die Zeilenrichtung oft von der Vorlage abweicht).
Wenn wir nun eine Handschrift betrachten, müssen wir uns eine waagerechte Zeile vorstellen und feststellen, ob die Handschrift dieser imaginären Zeile entlang gleitet oder von ihr abweicht.
Anfänger können mit dem Lineal eine dünne waagerechte Linie über das Blatt ziehen.
Im Allgemeinen schreiben *heitere* Menschen nach oben, also in *steigender* Richtung, *traurige* nach unten, also in *fallender* Richtung. Doch möge nochmals eingeschaltet werden, dass die Zeilenrichtung sehr vom *momentanen Gemütszustand* abhängig ist. Eine Zeilenrichtung, die *gerade* abläuft, *waagerecht*, deutet einen Menschen, der nur schwer aus dem Konzept zu bringen ist, sei es durch Umstände oder Ideen. Das Temperament ist ausgeglichen und Launen werden, soweit vorhanden, zurückgehalten.

Bei *wellenförmiger* Zeilenrichtung fehlt es auch im Wesen des Schreibers an Gleichmäßigkeit, er wird stark gefühlsmäßig betont sein, kann sich nicht immer im Zaum halten.
Die Zeilenrichtung sollte sowohl beim Graphologen wie beim Anfänger geduldiges Studium erhalten, hauptsächlich bei Vergleichsanalysen. Erst nach eingehender Betrachtung der Zeilenrichtung sollte man mit der Handschriftendeutung weiterfahren.
Es kommt oft vor, dass Ehepaare, Eltern und Kinder, Geschäftspartner und Freunde, plötzlich eine gewisse Missstimmung, ungewohnte Spannung wahrnehmen. Wenn nun ein Mann mit steigender Zeilenrichtung und seine Frau mit fallender Zeilenrichtung schreiben, so besteht hier ohne Zweifel eine gegensätzliche Lebensauffassung, die eventuell zwar nur momentan besteht, aber doch einer Aussprache bedarf. Dasselbe versteht sich auch bei Eltern deren Zeilenrichtung von denen der Kinder abweicht. Bei solchen

Fällen ist es dann angebracht, eine Handschrift-Analyse jedes einzelnen Mitgliedes der Familie vornehmen zu lassen. Dadurch wird man die Persönlichkeit des Einzelnen besser begreifen und größeres Verständnis aufbringen, was dem harmonischen Zusammenleben der Familie sicherlich helfen würde.

Schreiber, deren Handschrift normalerweise eine steigende Richtung aufweisen, können plötzlich (sei es durch den Tod eines geliebten Menschen, durch finanzielle Schwierigkeiten usw.) eine fallende Zeilenrichtung annehmen. Die deprimierte, pessimistische Stimmung überträgt sich sofort auf die Handschrift. Wiederum kann eine Frau, deren sehnlichster, unerfüllter Wunsch es war, ein Kind zu bekommen, durch Erfüllung ihres Wunsches, von einer bis dahin fallenden Handschrift auf eine steigende Zeilenrichtung umschwenken. Allein die waagerechte und wellenförmige Zeilenrichtung kann nur schwer aus der beständigen Bahn gebracht werden.

ich sagen: Habe die Welt und die
Menschen wieder lieb gewonnen,

### I. Steigende Zeilenrichtungen

Steigende Zeilenrichtung. Diese Richtung verrät den Optimisten. Der Schreiber besitzt Zuversicht, Begeisterungsfähigkeit, auch Strebsamkeit und Lebensfreude. Menschen, die nach oben schreiben, sind lustige Gesellen und gesellschaftlich beliebt. Wenn die Zeilenrichtung betont steigend ist, haben wir den ausgesprochenen unerschütterlichen Optimisten, dessen logisches Denken manchmal darunter leiden wird. Nichtsdestoweniger ist er glücklich.

und Kontaktmangel.
Bitte helfen sie mir.

### II. Fallende Zeilenrichtung

Fallende Zeilenrichtung bedeutet natürlich das Gegenteil. Niedergedrückte Gemütsstimmung, pessimistische Lebensauffassung, Traurigkeit im Allgemeinen, Unwohlsein. Die sehr steil fallende Zeilenrichtung deutet auf unerschütterlichen Pessimismus hin, dessen Depressionen schwer zu beheben sind. Dieser Schreiber wird nur schwer Ehrgeiz, Hoffnung oder neue Gedanken aufnehmen. Hierzu sei bemerkt, dass die nur leicht fallende Zeilenrichtung auch auf Vorsicht und kritisches Beobachten deuten kann, sodass auch andere Merkmale vor einer Urteilsabgabe hinzugenommen werden müssen. Bei einer Beurteilung über Pessimismus muss der Graphologe sehr vorsichtig sein, denn wie schon gesagt, kann es sich um eine momentane Stimmung handeln.

Ich glaube, Sie können hieraus entnehmen,

### III. Wellenförmige Zeilenrichtung

Dieser Schreiber ist ein Mensch mit ausgesprochen launenhaftem Temperament, dessen Gemütszustand dauernd wechselt. Er wird sich einer Arbeit, die Beständigkeit oder Routine verlangt, nur sehr schwer anpassen können. Zeit, Raum, Menschen, alles trägt dazu bei, seine momentane Gemütsverfassung zu beeinflussen. Damit soll aber keineswegs gesagt sein, dass es sich hier um einen dummen Menschen handle. Dieser Schreiber kann durchaus intelligent und tüchtig sein. Oft treffen wir solche Menschen, die uns mit diesen Eigenschaften beeindrucken, die aber wiederum nie etwas zu erreichen scheinen; auch nicht dann, wenn sie sich mit einer Tätigkeit befassen, die ihnen angeboren zu sein scheint. Diese Tatsache erstaunt sie und uns, doch überrascht es uns nicht, wenn die Handschrift dieser Menschen die wellenartige Zeilenrichtung aufweist. Ebenfalls kann es vorkommen, dass der Schreiber der wellenartigen Zeilenrichtung äußerlich einen reservierten, ja sogar beständigen Eindruck vermittelt.

Wir können dann annehmen, dass er sich seiner Unbeständigkeit bewusst ist und diese entweder zu bekämpfen oder zu verheimlichen versucht.

Jeder, der diese wellenartige Zeilenrichtung aufweist, sollte versuchen, aufgrund seiner geistigen und intellektuellen Eigenschaften, die Unbeständigkeit des Wesens allmählich zu beseitigen. Wenn ihm das gelingt, wird sich auch bald der Erfolg einstellen.

Mensch geworden bin, höflich

## IV. a. Gerade Zeilenrichtung

Ist die Zeilenrichtung sehr *gerade* und finden sich sonst auch wenig Schwankungen in den einzelnen Worten, zumindest keine, die periodisch wiederholt werden, so besteht Beständigkeit im Wesen. Fehlt es der Schrift an *Festigkeit* aber, ist allein die Zeilenrichtung noch kein Beweis dafür.

Si amore, hai ragione

## IV. b. Gerade Zeilenrichtung mit Schwankungen nach oben

Ist die Zeilenrichtung gerade und es steigen einzelne Worte oder Wort*enden* aufwärts, ist Strebsamkeit, Eifer und eine gewisse Beherrschung der Gefühle anzunehmen.

immer ein Aussenseiter

## IV. c. Gerade Zeilenrichtung mit Schwankungen nach unten

Ist die Zeilenrichtung zwar gerade, aber einzelne Worte oder Endsilben hängen herunter, kann der Schreiber seine Traurigkeit bekämpfen. Herunterhängende Zeilen am rechten Rand eines Schriftstückes deuten unter anderem auch auf Sparsamkeit.

Bei jeglichem menschlichen Verkehr, sei es im Kreise der Familie, im Büro oder in der Fabrik, in der Schule oder auf dem Sportplatz, ist die Gemütsverfassung von größter Bedeutung; deswegen beginnen wir eine Handschrift-Analyse von diesem Gesichtspunkt aus.

# XII. Besonnenheit oder Leidenschaft

Wir wollen nun die Bewegung der Schrift, resp. ihre Lage, betrachten: hier unterscheiden wir *fünf* verschiedene Schriftlagen:

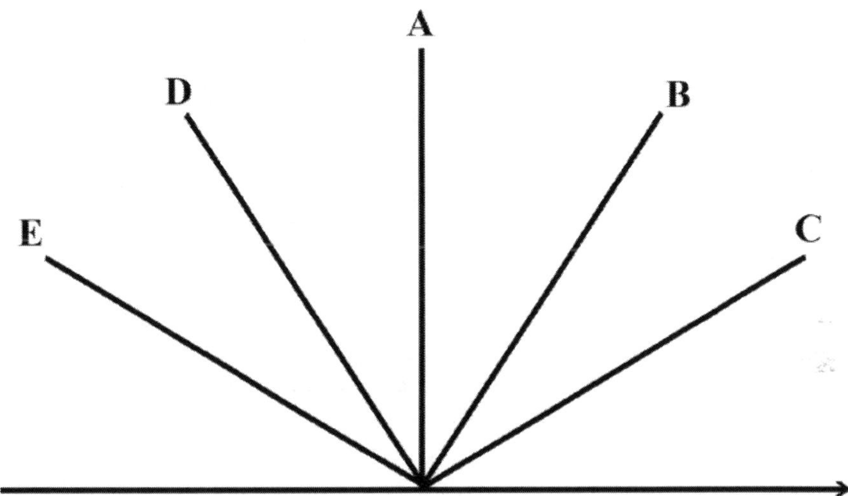


A. die steil aufgestellte Schrift
B. die schwach rechts geneigte Schrift
C. die stark nach rechts geneigte Schrift
D. die schwach links geneigte Schrift
E. die stark links liegende Schrift

Die Neigung der Schriftlage ist von besonderer Bedeutung für den Graphologen, denn sie verrät inwieweit der Schreibende durch den Verstand oder mit dem Herzen denkt. Ob es sich um einen besonnenen oder einen leidenschaftlichen Menschen handelt.

wohl wir machen kann,

**Die links geneigte Schrift**

Es wird klar sein, dass jemand, der seine Schrift entgegen der natürlichen Rechtslage stellt, diese Unnatürlichkeit auch in seinem Wesen beherbergt. Er wird sich nicht so geben, wie er ist. Die Ursachen dieser Zwangsschriften sind oft zugrunde liegende Eitelkeit: man möchte z. B. als vornehm

gelten, oder es werden Gefühlsäußerungen zurückgedrängt. Z. B. bei jungen Leuten, die Liebesregungen unterdrücken müssen oder wollen. In diesem Fall kommt es oft vor, dass sich die Schrift nach Verlobung oder Ehe nach der natürlichen Rechtslage umwendet.
Finden sich in einer links geneigten Schrift Lügenzeichen, Merkmale von Verstellung, Zeichen für Verschlossenheit, so wird solchen Schrifteigentümern gegenüber etwas *Vorsicht* am Platz sein. Im Allgemeinen, wenn wir eine Handschrift mit der D-Neigung sehen, können wir annehmen, dass der Kopf (Verstand) die Gefühle kontrolliert. Der Schreiber ist der Liebe fähig, doch erst nach Zusage seines Verstandes. Aus diesem Grund werden öffentliche Zärtlichkeiten oder Begeisterung zurückgehalten und beherrscht.
Bei sehr jungen Menschen müsste man fragen, ob die Handschrift immer links geneigt war. Es gibt eine Zeit während der Pubertät, also das so genannte „Backfischalter", in dem die jungen Leute aus reinem Widerspruch diese links geneigte Schrift annehmen. Damit wollen Sie unter anderem auch sagen, dass es kindlich ist, sich zu verlieben oder sentimental zu wirken. Sie verraten dies durch die sonst kindlichen, runden Buchstaben, die meistens sehr groß gezeichnet sind.

Mit einer gewissen Reife nimmt dann die Schrift-Neigung wieder eine normale Rechtslage ein. Bei jungen Leuten also besteht nur eine Neigung, sich „erwachsen" und selbständig *zu geben.*

Dieselben Charakteristiken der *D-Neigung* treffen auch auf die *Schreiber der E-Neigung* zu, wobei diese Eigenschaften aber mehr betont sind. Hierzu muss gesagt werden, dass der stark links geneigte Schreiber genauso leidenschaftlich wie der stark rechts geneigte Schreiber sein kann (C-Neigung), dass er aber im Gegensatz zum C-Schreiber seine Leidenschaft verbirgt, ja sogar verheimlicht. Es ist nicht immer leicht die Persönlichkeit des E-Schreibers zu verstehen. Das kalte Äußere kann plötzlich explodieren. Dieser Schreiber wird sehr leicht eifersüchtig werden, denn sein Besitztumssinn ist stark entwickelt.

Mit Geduld und viel

**A. Die steil aufgestellte Schrift**

Rein bildlich wirkt diese Schrift zurückhaltend, gehemmt. Diese Zurückhaltung erfordert Selbstbeherrschung, besonders wenn außerdem noch Merkmale der Energie zu finden sind.

Immer werden bei Zwangssteilschrift Gefühlsregungen zum Teil unterdrückt, der Schrifturheber ist in irgendeiner Beziehung gehemmt. Nun gibt es aber auch eine natürliche Steilschrift, die jedoch äußerst selten (besonders in unserer Zeit, in der es wenig ruhige, beherrschte Menschen gibt) vorkommt. Sie ist an der Natürlichkeit ihrer Bewegung erkennbar; auch müssen Zeichen von Erregbarkeit, Widerspruchsgeist, Heftigkeit *fehlen*, da sich der Eigner einer natürlichen Steilschrift gerade durch sein *ruhiges, besonnenes Wesen* auszeichnet. Der Urheber einer Steilschrift ist im Allgemeinen zurückhaltend, er besitzt das richtige Maß an Verstand und Wärme und lässt sich nicht überrumpeln. Dinge müssen besprochen und mit Verstand eingereiht werden. Er ist nicht leichtfertig, sei es in Liebes- oder materiellen Dingen. Der Schreiber einer Steilschrift zeigt seine Gefühle eher durch die kleinen täglichen Aufmerksamkeiten, als durch zeitweilige große Demonstrationen seiner Zuneigung. Er kann Verantwortung übernehmen und erledigt diese mit Ruhe und Verstand. Er schließt keine schnellen, aber umso festere Freundschaften.

**B. Die schwach rechts geneigte Schrift**

Sie ist die meist vorkommende Schriftlage. Sie zeigt eine freundliche, entgegenkommende Natur, die weithin zugänglich ist und auch äußerlich ihre Neigung zeigt. Nicht allzu leidenschaftlich, denn sie kann Gefühle unter Kontrolle halten. Der Schreiber dieser rechts geneigten Schrift wäre allein nicht glücklich, denn er hat eine ehrliche Zuneigung zu den Menschen und eine angeborene Anpassungsfähigkeit in Gesellschaft. Dies natürlich nur dann, wenn andere Zeichen nicht dagegen sprechen. Dieser Schreiber will und kann sich nicht freiwillig in sich selbst zurückziehen, er braucht Gesellschaft. Wenn er verliebt ist, würde es ihn kränken, nicht ebenfalls mit gleicher Spontaneität wiedergeliebt zu werden.

Die rechts geneigte Schrift ist die so genannte normale Schrift, denn sie wird allgemein in den europäischen Schulen so gelehrt. Nun ist zu unterscheiden, ob die Schriftlage zwar beibehalten wurde, aber mit „individuellen“ Buchstaben und Bindungen, oder ob außer der Schriftneigung auch die Buchstabenformationen sich kaum verändert haben. Der erstere Fall deutet auf wirkliche Lebensfreude, die etwas triebhaft gestaltet ist. Im zweiten Fall kann es sich um ein rein kindliches, abhängiges Gemüt handeln.

Je stärker aber eine Schrift nach rechts geneigt ist, umso hingabefähiger, umso leidenschaftlicher ist der Betreffende.

### C. Die stark nach rechts geneigte Schrift

Ganz nach rechts liegende Schrift gehört dem Überempfindlichen, Reizbaren, Unbeherrschten. Diese Neigung der Schrift verrät die extreme Natur. Auch dieser Schreiber hat den Wunsch, mit Menschen zusammen zu sein, seine Freude, seine Liebe, seinen Schmerz zu verkünden, erwartet aber die gleiche Reaktion bei anderen. Diese Übertriebenheit des Gefühlsmäßigen verleitet ihn, an Objektivität einzubüßen. Besitzertum, Stolz und Eifersucht sind diesem Schreiber angeboren, doch wird er dies oft verneinen. Je mehr die Schrift sich nach rechts neigt, desto mehr werden die Triebe diesen Schreiber beeinflussen, wobei er im gleichen Maße an Logik und Verstand nachlassen wird. Der Schreiber ist außerdem auch etwas eitel und für Schmeicheleien empfänglich. Das Vorhergesagte bezieht sich natürlich sowohl auf Männer wie auch auf Frauen.

Es ist möglich, dass Sie auch auf eine Schrift stoßen, deren Neigung nicht zu den bisher beschriebenen passt, sondern eher eine Zusammensetzung dieser verschiedenen Neigungen bildet. Manchmal ist eine ganze Zeile rechtsgeneigt, dann wiederum links und senkrecht. Einzelne Worte oder sogar Buchstaben, neigen nach allen Richtungen. Dies nennt man die *ungleichmäßige* Schriftlage, und sie ist die Folge von Launenhaftigkeit, Unberechenbarkeit; der Eigentümer dieser Schrift ist bald so und bald so gestimmt. Der Verstand und die Gefühle stehen im Widerspruch. Der Verstand würde eine Richtung einnehmen, doch die Gefühle drängen in eine andere Richtung. Daraus folgt, dass die Urheber solcher ungleichmäßigen Schriften unberechenbar sind und sich oft über unwichtige Dinge kritische Gedanken machen, nicht weil sie es unbedingt so wollen, sondern weil sie es nicht anders können. Macht man Verträge mit solchen Personen, so wird man gut tun, alles schriftlich niederzulegen, denn der Besitzer dieser ungleichmäßigen Schrift wird morgen nicht mehr zugeben, was er heute gesagt hat. Im Allgemeinen, das muss man diesen Schreibern lassen, sind die Verfasser solcher Schriften interessante Persönlichkeiten, denn sie werden kaum zwei Tage hintereinander die gleichen sein.

Wenn der Schreiber Linkshänder ist, so sollte man die Schriftneigung außer Acht lassen und sich mehr auf andere Zeichen konzentrieren.

Zum Schluss sei wiederholt, dass auch die Schriftneigung, wie jedes andere Merkmal, mit eben diesen anderen Merkmalen verbunden werden muss und darf nicht als Einzelzeichen zu einem raschen Urteil genügen. Ist nämlich eine stark rechts geneigte Schrift sehr klein und eng verfasst, so zeigt sie trotz der Rechts-Neigung eine beherrschte Persönlichkeit; eine sehr große Schrift dagegen: eine außergewöhnlich entgegenkommende Natur.

Die Schriftneigung soll lediglich auch die Neigung eines Menschen auf Verstand oder Leidenschaft deuten, doch andere Merkmale werden dies *betonen* oder *verringern*.
Jeder, der diese Zeilen aufmerksam gelesen hat, wird sich der Wichtigkeit des Neigungswinkels einer Schrift bewusst geworden sein, sei es für das gesellschaftliche, berufliche oder harmonische Zusammenleben.

# XIII. Runde oder eckige Schrift: Abhängigkeit oder Unabhängigkeit

Der Unterschied zwischen einer runden und einer eckigen Handschrift ist dem Unterschied zwischen den Gebärden eines Italieners und eines Engländers ähnlich. Der eine vollführt runde, ausdrucksvolle Armbewegungen die spontan, ja unbewusst aufeinander folgen, der andere empfindet dies Getue übertrieben, unbeherrscht und begnügt sich ab und zu mit einer kurzen, „eckigen“ Geste. Hierbei dürfen wir nicht die Figuren der weltpolitischen Bühne betrachten, denn diese haben meistens einen angelernten Stil, den sie je nach ihrer Zuhörerschaft zu ändern wissen.
Diese kleine Impertinenz sollte unter anderem dazu dienen, die Unterschiede zwischen der Handschrift der einzelnen Nationen hervorzuheben, denn der Graphologe oder der Laie müssen sich dieser Unterschieden bewusst sein. So z. B. schreibt der Italiener mit kleinen, einfachen, runden Kleinbuchstaben und schönen rhythmischen Großbuchstaben.
Die deutsche Handschrift, war früher außergewöhnlich eckig und exakt und nimmt erst jetzt allmählich eine runde Schrift an. Der Engländer schreibt zurückhaltend und ohne Ausschweifungen, der Spanier dagegen ziert seine Großbuchstaben mit weiten, großen Schleifen, die auf Stolz und Gefühl deuten. Natürlich sind dieses nur sehr verallgemeinerte Standpunkte, doch müssen sie bei einer Analyse in Betracht gezogen werden.
Allgemein können wir auch sagen, dass wir das Schreiben mit runden Buchstaben lernen, und dass sich alle Veränderungen, bzw. Annahme von eckigen Buchstaben, von selbst, oft unbewusst, vollzogen haben.
Viele Schreiber haben aber die runde Schrift beibehalten.
Bevor wir nun auf weitere Variationen kommen, betrachten wir diese zwei Schriften:

noch bitten mir doch
und verbleibe mit
freundlichen Grüßen

**I. Runde Schrift**

Menschen, die mit runder Schrift schreiben, sind leichter zu verstehen als diejenigen, die mit eckiger Schrift schreiben. Die runde Schrift deutet auf ein gemütliches Wesen, das sich einer Sache nur in Gesellschaft anderer freuen kann. Derartige Menschen sollten nicht alleine leben. Auch werden sie eine Arbeit zusammen mit anderen besser und froher verrichten, als auf sich allein gestellt.
Die negative Seite dürfte sich in einer gewissen Abhängigkeit von anderen deuten, denn diese Persönlichkeit widerstrebt der Verantwortung und lässt sich lieber leiten als selbst zu leiten. Bei Gesprächen wartet sie, bis jemand anders eine Meinung geäußert hat, bevor sie mit ihrer eigenen hervortritt.

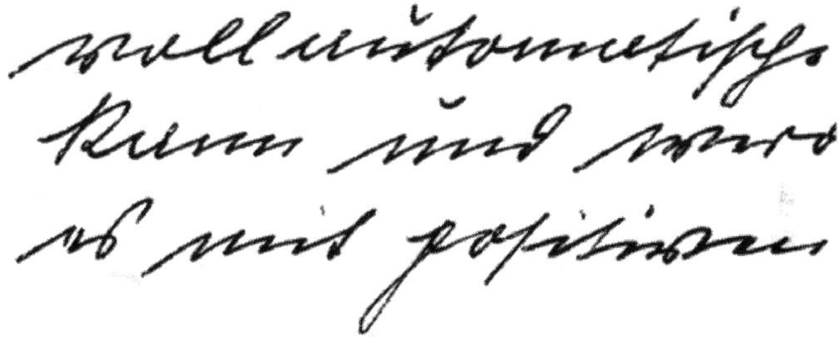

### II. Eckige Schrift

Der grundlegende Unterschied zwischen den runden Schreibern und den eckigen ist die Selbständigkeit der Letzteren. Dieser Schreiber macht Pläne und will sie auch durchführen. Vorerst aber betrachtet er eine neue Idee kritisch. Seine Freuden und Leiden kann er auch allein bewältigen und obzwar er auch beliebt sein kann, braucht er die Geselligkeit nicht. Wenn eine eckige Handschrift große Buchstaben und einen sehr starken Druck zeigt, dann handelt es sich um eine sehr ehrgeizige und sogar aggressive Persönlichkeit, die sich nur sehr ungern dem Willen anderer beugt. Hartnäckigkeit und eine gewisse Intoleranz begleiten diese Erscheinung.

---

Um aber nun von diesen Verallgemeinerungen wegzukommen, betrachten wir einige weitere Abweichungen dieser zwei Formen:

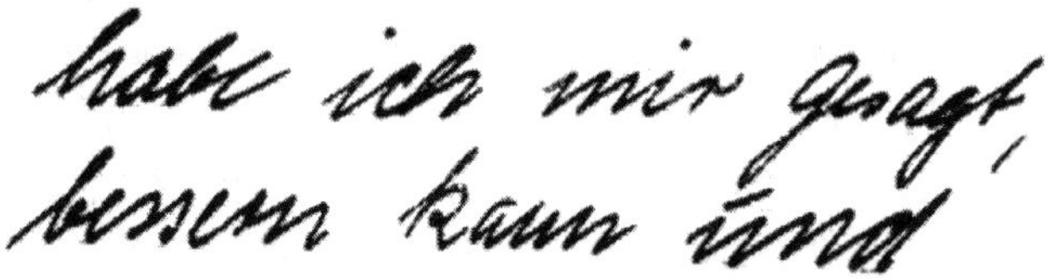

**A.** Eine allgemein runde Handschrift, die einige eckige Merkmale unter den Kleinbuchstaben aufweist, deutet auf Wohlwollen und Bereitschaft zur Mitarbeit. Es kommt noch ein Etwas an Selbständigkeit und Schlauheit hinzu, die dem gänzlich Rundschreibenden fehlen.

Unwahrheit so
nicht zugeben

**B.** Runde Schrift mit sehr großen Buchstaben. Wenn diese runde Schrift große Buchstaben aufweist, haben wir es mit einer schwachen Persönlichkeit zu tun. Dieser Schreiber hat keine besonders entwickelte eigene Meinung, schließt sich aber gegen die Meinungen, die von seiner Lebensart zu sehr abweichen, aus. Dieser Widerstand entspringt der Vorsicht und Unentschlossenheit, nicht der Härte oder allgemeinen Unwilligkeit.

Vertrauen der Meisterin
mein Vertrauen hat sich

**C.** Runde Schrift mit kleinen Buchstaben. Diese Schrift ist seltener als die runde Schrift mit den großen Buchstaben. Dieser Schreiber hat eine genaue und vorsichtige Persönlichkeit, die ihm zu guter Arbeit hilft. Außerdem ist er treu und ehrlich, Eigenschaften, die mit der runden Schrift allgemein in Verbindung stehen.

damit beffassen ohne

**D.** Kleine, eckige Schrift deutet auf einen Menschen, der sich auf ein oder zwei Dinge konzentrieren will, diese aber gut vollbringen möchte. Es ist die Handschrift der Spezialisten, der Forscher und all derjenigen, die sich erst dann zufrieden geben, wenn etwas *bewiesen* wurde. Es folgt, dass wir hier auch den Pedanten finden.

Hätte gehen. Gieb

**E.** Eckige Schrift mit originellen Zügen, besonders bei den Großbuchstaben, deutet auf einen Menschen hin, dessen Wille und Energie sich anderen nicht unterstellen kann. Dieser Mensch wird zuweilen auch von seinen Gefühlen getrieben. Hat das Ganze noch eine gewisse Ungleichmäßigkeit, so haben wir es mit einer interessanten Persönlichkeit zu tun, die sich zwar oft widerspricht aber nichtsdestoweniger sehr vital ist. Der Geist ist erregt und dem Urheber fällt es schwer, sich auf ein Ziel zu konzentrieren. Ungeduld und schneller Verstand kennzeichnen diesen Schreiber.

---

Überhaupt kann der eckige Schreiber sehr ungeduldig mit dem Schreiber der runden Schrift werden, besonders wenn der Letztere Unentschlossenheit oder zögerndes Denken aufweist. Der runde Schreiber aber hat es schwer, den eckigen Schreiber zu lenken, denn dieser ist lieber selbst Leiter als Untergebener.

Die Persönlichkeiten des runden und des eckigen Schreibers sind in vielen Dingen so anders geartet, dass es Beiden schwerfällt einen harmonischen Umgang zu führen. Gerade hier bewährt sich die Handschrift-Analyse, denn sie zeigt eindeutig woran das harmonische Zusammenleben scheitert und kann somit bei Menschen mit gutem Willen viel zu einer besseren Verständigung beitragen.

---

# XIV. Große oder kleine Schrift: Mitteilsames oder zurückhaltendes Wesen

Jeder Mensch entwickelt eine eigene Schriftgröße, wobei die markantesten Merkmale der großen Schrift die Mitteilsamkeit und der Wunsch, beobachtet zu werden, sind. Wenn diese großschreibenden Menschen nicht Aufmerksamkeit erregen, werden sie sich derentwegen umso auffallender benehmen. Der Klein-Schreibende dagegen erkennt die Unwichtigkeit des Einzelnen und aus diesem Mangel an persönlicher Eitelkeit wächst die Gabe, andere besser zu beobachten.
Andererseits müssen wir uns auch bewusst sein, dass sich bei einem traurigen Menschen die Buchstaben verkleinern.
So kann eine kleine Schrift auf einen bedrückten Zustand deuten. Heitere Menschen schreiben größer. Der Affekt der *Wut* vergrößert die Schrift. Deswegen ist es wichtig, nur eine Schrift zu analysieren, die nicht während einer Gemütsaufwallung verfasst wurde.

Beachten wir nun folgende Grundschriften in Bezug auf Größe:

Ihre Briefe haben mir

**1. Kleine Schrift**

Kleine Wortbildungen deuten auf ein zurückhaltendes Wesen, was nicht unbedingt heißen soll, dass der Verfasser einer kleinen Schrift mutlos sei, er kann mitunter tapfer und selbständig sein. Der Klein-Schreibende mag und kann sich konzentrieren, denn seine Gedanken und Wünsche erfassen lieber ein oder zwei als eine ganze Anzahl von Objekten. Um mehr zu erfahren, muss man auch andere Merkmale der Schrift beachten.

Schreibe groß

**2. Große Schrift**

Groß nennen wir jede Schrift, deren Klein-Buchstaben die 3-4 Millimeter übersteigen (ein gutes Auge unterscheidet auch ohne Messung die Größe).

Der Groß-Schreibende hat im Allgemeinen ein mitteilsames Wesen. Er will nicht an einen bestimmten Gedanken festgenagelt werden, außer es muss unbedingt sein. Er strebt nach der Führung, was aber nicht unbedingt heißt, dass er diese, wenn er sie erreicht, auch gut weiterführen kann. Wir müssen deswegen zwischen dem Wünschen und dem Können unterscheiden. Wie es auch sei, der Groß-Schreibende nimmt nur mit Widerwillen eine untergeordnete Stellung an und sowohl im Privat-, wie auch im Geschäftsleben, ist er keineswegs eine zurückhaltende Persönlichkeit.

habe ich soweit es

### 3. Mittlere Größe

Die mittlere Schriftgröße ist die am häufigsten vorkommende und besteht aus Kleinbuchstaben, die weder eindeutig klein noch auffallend groß verfasst sind, wobei die Kleinbuchstaben einheitlich circa 3 Millimeter messen sollten. Diese mittlere Schrift hat graphologisch wenig Bedeutung, sodass die Aufmerksamkeit auf andere Schriftzeichen gelenkt werden sollte.

## Die verschiedenen Abweichungen der kleinen und großen Schriften

Um nun von diesen Grundschriften in Bezug auf Größe wegzukommen, betrachten wir die verschiedenen Abweichungen der kleinen und großen Schriften:

Sehr geehrter Herr
Ich bin begeistert

### I. Kleine Schrift mit Großbuchstaben

Hier haben wir eine kleine Schrift mit Großbuchstaben, die im harmonischen Verhältnis zu den Kleinbuchstaben stehen. Die Schrift ist leserlich und einfach verfasst. Sie deutet auf kritischen Verstand und einen Geist, der positive Ergebnisse herbeiführen kann. Die Einfachheit der Schrift verrät keine Begeisterungsfähigkeit auf der Oberfläche, doch dies soll nicht heißen, dass der Schreiber deren unfähig ist.

## II. Kleine Handschrift mit individuellen Gestaltungen

Eine kleine Handschrift mit individuellen Gestaltungen, wobei die Großbuchstaben mit schönen, schwungvollen Zügen vollführt werden, zeigt uns eine Persönlichkeit, die zwar der Konzentration fähig ist, doch dessen Wesen nicht so zurückhaltend ist, wie der Schreiber von unserem Beispiel I. Dieser Schreiber kann also seiner Begeisterung Ausdruck geben, gehört aber doch noch dem zurückhaltenden Wesen an.

## III. Kleine Handschrift mit unproportionierten Großbuchstaben

Wenn eine kleine Handschrift derartige unproportionierte Großbuchstaben aufweist, kann dies zweierlei bedeuten: erstens, dass der Schreiber neben seinem ansonsten zurückhaltendem Wesen irgendwelche besonderen Fähigkeiten entwickelt hat: Er ist stolz und tapfer, oder auch, dass es sich hier um reine Angeberei handelt, wobei der Betreffende sich selbst überschätzt. Vorerst mag er an eine Arbeit fest herangehen, doch bald wird seine Strebsamkeit nachlassen. Man darf ihn dafür nicht verurteilen, er kann nicht anders. Andere Schriftzeichen müssen in Einklang gebracht werden.

Das Haus am Meer

## IV. Große Großbuchstaben im Verhältnis zu den Kleinbuchstaben

Hier haben wir das Gegenteil. Die Großbuchstaben sind klein im Verhältnis zu den Kleinbuchstaben. Der Betreffende ist bescheiden oder aber möchte nur den Eindruck der Bescheidenheit vermitteln. Ist das Letztere nicht der Fall, so wirkt diese Bescheidenheit eher als ein Nachteil, denn sie hält den Betreffenden von der Verfolgung seines Zieles zurück; es fehlt ihm an Mut und Tatkraft. In diesem Zusammenhang sollte man besonders den Druck und die Wortendungen, auf die wir noch zu sprechen kommen, beachten.

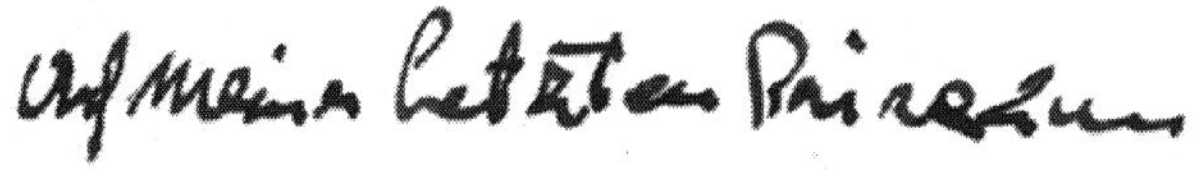

## V. Kleine zusammengedrängte Handschrift

Diese Handschrift ist nicht nur klein, sondern außerdem noch zusammengedrängt und schwer leserlich. Dieser Schreiber ist übermäßig zurückhaltend. Hätte er auch hervorragende Eigenschaften, es würde ihm an der notwendigen Selbstsicherheit fehlen, diese auffallend hervorzubringen. Seine Zurückhaltung und Empfindlichkeit geben oft den Eindruck der Unfreundlichkeit. Wissenschaftler, die sich viele Notizen machen müssen, haben sich oft diese raumsparende Schrift *angeeignet*. Ist diese Schrift aber nicht durch besondere Umstände angeeignet, so können wir auf Kleinlichkeit und Geiz schließen.

## Die häufigsten Abweichungen der großen Schrift

Nachdem wir nun verschiedene Abweichungen der kleinen Handschrift bearbeitet haben, wollen wir uns den am häufigsten vorkommenden Abweichungen der großen Schrift zuwenden. Wenn diese Letztere keine Abweichungen von einer normalen großen Handschrift aufweist (so wie etwa besonders oder individuelle Verbindungen), haben wir es mit einem Menschen zu tun, der den Wunsch nach Geselligkeit (und nach einer Arbeit, die Umgang mit Menschen verlangt) in sich trägt.

## I. Große Handschrift mit individuellen Zügen

Große Handschriften, deren Raum und Schriftgestaltung individuelle Züge aufweisen, wobei die Überstriche besonders lang ausfallen, deuten auf

Phantasie und Schaffungsvermögen. Diese Menschen können sich nur schwer mit Details abgeben, und wenn sie es müssen, dann nur widerwillig. Selbstsicherheit und eine gewisse Eitelkeit sind vorhanden, doch ist diese Eitelkeit positiv anzurechnen, denn sie treibt den Betreffenden an zu einem erfolgreichen Ende.
Der Erfolg selbst kann durch die Handschrift nicht gedeutet werden, denn dieser hängt von vielen Umständen ab, sodass wir hier lediglich den betonten Willen zu einem Erfolg ablesen können.

### II. Freie und ungezwungene Handschrift

Wenn eine große Handschrift sich frei und ungezwungen ausdehnt, mit schwungvollen, schönen Großbuchstaben, wie etwa die Unterschrift Ludwigs des II. von Bayern, dann haben wir es mit einer sympathischen Persönlichkeit zu tun, die andere an sich zieht, großzügig und romantisch ist.
Ist die Handschrift aber „übertrieben", sei es in Größe der Schwingungen, so kann das auch auf Größenwahn deuten. Früher, als nur die oberen Schichten der Gesellschaft das Schreiben lernten, waren solche Unterschriften praktisch die Regel. Man darf aber nicht das damalige Schönschreiben, welches derartige Ausschweifungen direkt verlangte, mit unseren heutigen Begriffen der Schriftanalyse vergleichen.

### III. Große, eckige Handschrift

Ist die Handschrift zwar groß, aber in der allgemeinen Gestaltung eckig und zusammengedrängt, verrät sie einen entschlossenen Charakter, der nur sehr schwer zu Kompromisslösungen bereit ist. Für den Betreffenden gibt es nur ein „Ja" oder „Nein", ein „Gut" oder „Schlecht", und es wird sehr schwer sein, diesen Menschen rein gefühlsmäßig von einem gefassten Entschluss abzubringen.

habe Hemmungen

überhaupt

Erwachsenen Personen

### IV. Große Handschrift mit proportional kleinen Großbuchstaben

Zuletzt haben wir noch die große Handschrift mit proportional kleinen Großbuchstaben. Dies deutet, dass die Energie nur vorgetäuscht und kein wahrer Wesenszug des Schreibers ist.
Eine Handschrift, deren Klein- und Großbuchstaben dauernd an Größe ab- oder zunehmen, zeigt uns eine Persönlichkeit, die seelisch gestört ist, deren emotionelle Regungen durch den Schreibeigentümer nicht kontrolliert werden können.

---

Im Allgemeinen finden wir derartige Größenschwankungen öfters in den kleinen Handschriften, die aber dann eher auf ein *sensibles*, als auf ein emotionales Wesen schließen lassen. Der Eigentümer der großen Handschrift wird eventuell auch öffentlich seine Niedergeschlagenheit zur Schau tragen, der Kleinschreibende aber kaum, er leidet innerlich.

# XV. Druckgebung: Nach innen oder nach außen gekehrtes Wesen, Willenskraft oder Willensschwäche

Nachdem wir nun die Größe der Schrift betrachtet haben, kommen wir zur Druckgebung.
Wenn wir viele verschiedene Hand-Schriften betrachten, fällt uns die sehr verschiedene Druckgebung auf. Diese kann mehrere Bedeutungen haben. Hier jedoch wollen wir hauptsächlich und absichtlich nur einige Wesenszüge, die die Druckstärke oder die Druckschwäche deuten, im Auge behalten.
Der Anfänger soll vorerst aus der Druckgebung nur folgende Eigenschaften deuten:
Willensstärke oder Willensschwäche; ist der Schreiber ein nach innen oder nach außen gekehrter Typ; will er auffallen oder im Hintergrund bleiben?

## I. Starker Druck

In einer sonst regelmäßigen Handschrift dürfen wir aufgrund des starken Druckes, auf Willenskraft, Selbstbeherrschung, Widerstandskraft und Ausdauer schließen, im negativen Sinn wird sie Heftigkeit andeuten. In einer unregelmäßigen Schrift vermuten wir naturgemäß Impulsivität, Reizbarkeit und Angriffslust.
Der starke Druck verrät einen Menschen, der sich sowohl für neue Gedanken wie Bekanntschaften interessiert. Er ist bereit, für sein Dasein zu kämpfen. Obwohl auch geistige Ideale vorhanden sein können, ist das Streben auf die materiellen Dinge gerichtet. Der Schreiber von einer stark gedruckten Handschrift ist kein bescheidener, in sich gekehrter Mensch. Er sucht die äußere Anerkennung und kommt deswegen gerne mit Menschen zusammen. Dieser Schreiber besitzt Temperament und Vitalität.

## II. Schwacher Druck

Mangel an Druckgebung, wie sie diese Handschrift aufweist, bedeutet auch Mangel an Widerstandskraft, an Willenskraft und allgemeine Unentschlossenheit im negativen Sinne. Im positiven Sinne zeigt sie eine gewisse Sensibilität gegenüber anderen Menschen und Umgebungen. Der Schreiber einer solchen druckschwachen Handschrift legt auf die Meinung der anderen Wert und ist Kritiken gegenüber sehr empfindlich. Aus diesen Gründen sind Urheber der schwachen Druckgebung in sich gekehrte Naturen. Trotzdem finden wir des Öfteren Menschen, die derartig schreiben, in leitenden Stellungen, die, so sollte es uns nun erscheinen, eher dem Schreiber des ersten Beispiels angemessen wären.

Dies lässt sich ganz einfach dadurch erklären, dass das Können und die Intelligenz des Schreibers für eine derartige Stellung ausreichend sind, die mangelnde Aggressivität wird durch doppelten Fleiß ergänzt. Seine Sensibilität erlaubt ihm, sich besser anzupassen.

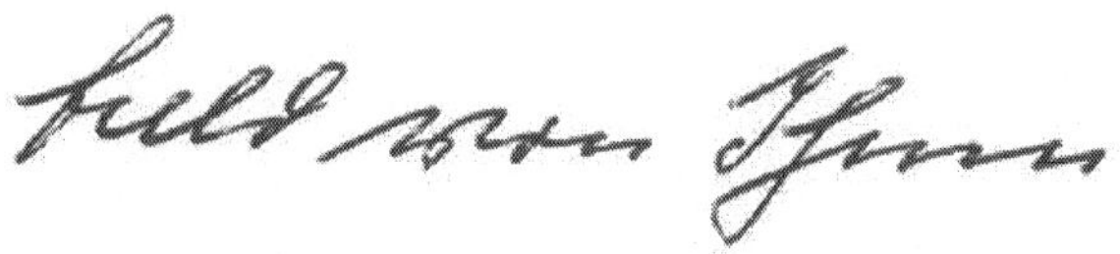

## III. Mittlerer Druck

Diese mittlere Druckgebung, genauso wie die mittlere Schriftgröße, ist die am meisten vorkommende Druckgebung; sie ist weder auffallend stark oder betont schwach. Genauso deutet sie auch auf eine Persönlichkeit, die weder die Überempfindlichkeit der schwachen, noch die mehr materiellen Züge der starken Druckgebung besitzt, sondern sich zwischen diesen beiden Extremen aufhält. Ihr Wesen ist leichter zu verstehen und ihre Handlungen werden selten überraschen. Ihr inneres und äußeres Wesen ist ausgeglichen.

## IV. Schwache Schrift mit einigen starken Druckgebungen

Hier haben wir eine Schrift, die prinzipiell schwache, doch ab und zu stärkere Druckgebungen aufweist. Der Schreiber besitzt zwar die Eigenschaften des druckschwachen Schreibers im Allgemeinen, doch ist seine Selbstbeherrschung durch Ungeduld und plötzliche Launen gestört.

## Die Grundtypen der verschiedenen Druckgebungen

Diese vier Beispiele sollten Sie, mein Leser, auf die Grundtypen der verschiedenen Druckgebungen aufmerksam machen.
Nun aber gibt es derart viele Versionen, die wiederum eine Vielzahl von verschiedenen Deutungen zulassen, dass eine genaue Aufzählung derselben den Anfänger nur verwirren und ihm die Freude an dem bisher Erfahrenen nehmen würde. Trotzdem müssen wir, um dem Betreffenden, den Sie früher oder später aufgrund seiner Handschrift analysieren werden, gerecht zu werden, noch einige Beispiele der Druckgebung bearbeiten.

### I.

Eine druckschwache Handschrift, die aber gleichmäßige Klein- und Großbuchstaben individuell, aber nicht übertrieben, verziert aufweist, deutet auf eine disziplinierte Person hin. Dieser Mensch kann allein arbeiten und Ideen auswerten. Takt und Sensibilität sind vorhanden.

## II.

Schwache Druckgebung bei etwas größeren, *runden* Buchstaben, die keine besonderen Merkmale aufweisen, deuten auf einen sensiblen, uneigennützigen Charakter, der bestrebt ist, anderen zu helfen und mit ihnen zusammen zu arbeiten. Die Persönlichkeit ist nicht aggressiv, doch strebt sie danach, mit anderen Menschen in Berührung zu kommen.

den. Im Privatleben dagegen
ich keinen Kummer. Da bin
fröhlich u. ungehemmt
niemand d würde mir glau
daß ich im Berufsleben so

## III.

Der Schreiber, dessen schwach gedruckte Handschrift eine wellenartige Zeilenrichtung (siehe o. Kapitel XI., Abbildung III.) aufweist, mit einigen runden und eckigen Erscheinungen, hat nicht genügend eigene Initiative und wartet lieber darauf, dass andere ihm den Weg zeigen. Dieser Schreiber ist sehr empfindlich und hat einen Hang dazu, seine beleidigten Gefühle, die auch oft unbegründet sein können, lange mit sich herumzutragen. Dieser Schreiber ist leicht erregbar.

## Druckstellen bei kleinen Schriften

Bei sehr kleinen Schriften ist es nicht immer leicht, mit freiem Auge die Druckstellen zu ermitteln; deswegen sollte man sich bei der Druckvermittlung einer *sechsfach* vergrößernden Lupe bedienen. Eine Schrift kann wohl zart sein, aber trotzdem Druck haben. Der Lernende wird also streng unterscheiden müssen.

Eine ausgesprochen „schwache" Persönlichkeit wird außer der schwachen Druckgebung auch schwache Satzzeichen, i-Punkte und t-Querstriche schreiben.

Dadurch, dass der starke Druck eine bewusste oder unbewusste Kraftanwendung erfordert, ist auch der betreffende Urheber dieser Druckgebung eine Persönlichkeit, die sich durchsetzen will. Dazu muss er Tatkraft, Fleiß, Selbstsicherheit und eine gewisse Organisationsfähigkeit aufbringen. Dass

diese Eigenschaften auch negative Seiten mit sich tragen, liegt auf der Hand. Bisher haben wir nun eine druckstarke Schrift ohne besondere Merkmale bearbeitet, doch gerade bei der druckstarken Schrift findet sich eine große Anzahl von Variationen, die alle eine diesbezügliche Bedeutung haben.
Über viele dieser Bedeutungen, ist man sich nicht einstimmig klar. Ein Verbrecher, z. B., braucht denselben Willensaufwand für gewisse Entscheidungen, den ein Richter, Staatsoberhaupt oder Feldherr benötigt, um seine Tat zu vollbringen. Hiermit soll nicht gesagt sein, dass sie ein und dieselbe Natur, bzw. Charakter hätten. Nein, gewiss nicht, denn der Wille und die Entschlossenheit des Einen können dem Guten, und die des Anderen dem Verwerflichen zugewandt sein. Trotzdem besitzen sie oft beide Willenskraft, Entschlossenheit und Tatendrang.
Daraus folgt, dass weitere Nachforschungen der negativen oder positiven Eindrücke der Betrachtung der Druckgestaltung vorhergehen oder folgen müssen.
Wir wollen nun auf einige der weniger bestrittenen Deutungen des stark ausgeführten Druckes kommen:

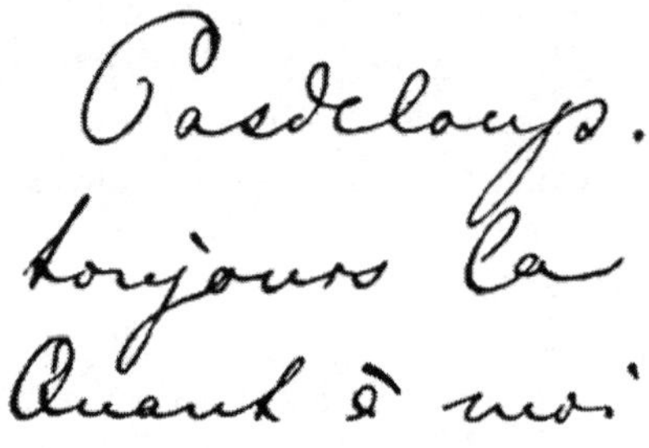

## I. Starker Druck, mit außergewöhnlicher und individueller Gestaltung

Ein starker Druck, der außerdem außergewöhnliche und individuelle Gestaltungen der Klein- aber hauptsächlich der Großbuchstaben aufweist, deutet auf Vitalität, die sich sowohl im künstlerischen, wie auch im politischen Leben bemerkbar machen kann. Der Urheber einer solchen Schrift begnügt sich nicht mit kleinen Projekten – umso größer das Ziel, umso begeisterungsfähiger ist er.
Dies wiederum deutet nur auf den Willen, etwas Großes zu schaffen oder zu meistern, nicht auf das Können. Eitelkeit und deren Begleiterscheinungen sind auch vorhanden.

## II. Teigige Schrift

Nicht zu verwechseln mit der regelmäßigen Druckbetonung ist der Teigige, oder „pastose Duktus“ (Duktus = Gang oder Zug der Schrift). Die teigige Schrift macht den Eindruck der Breiigkeit, sämtliche Striche sind fett, die Schleifen oft ausgefüllt und verkleckst. Das Ganze gibt eher den Eindruck mit dem Pinsel gemalt, als mit der Feder geschrieben zu sein. Hier ein Beispiel:

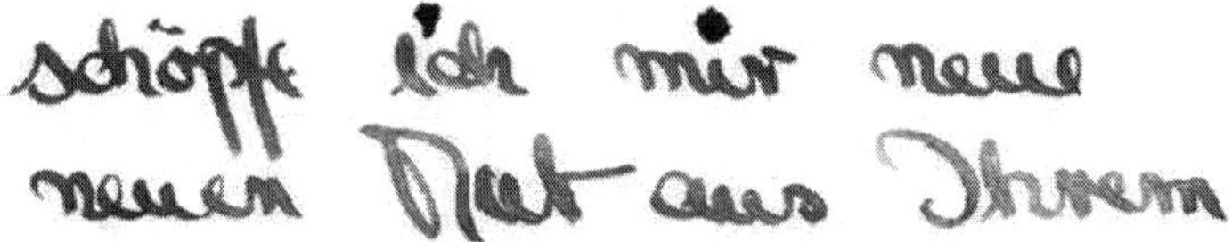


Diese Schrift mutet weich und breit an und deutet auf Genussfreude, mitunter, wenn i-Punkte, Überstriche usw. verkleckst sind, auf übertriebene erotische Veranlagung. Es fällt diesen Menschen schwer, von ihren Tagträumen abzukommen und ordentliche Arbeit zu leisten.

gegen freien

## III.

Ist der Druck unregelmäßig und nur vereinzelt vorhanden, hauptsächlich in den Unterlängen, verrät er oft eine gewisse Hysterie (Verdickungen in Form eines Tropfens in den Unterlängen der Buchstaben).

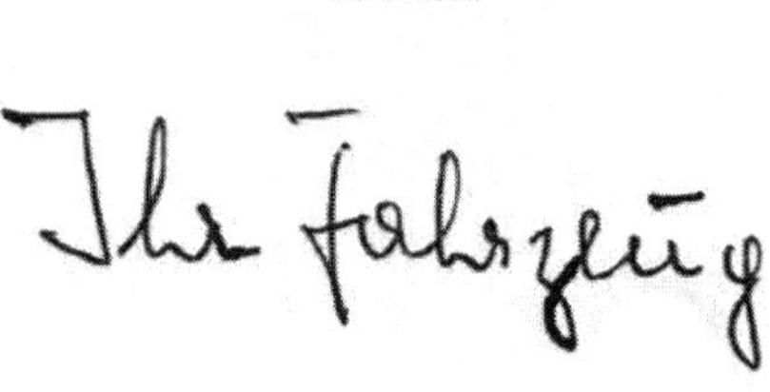

## IV.

Enden keulenförmige Verdickungen in eine Spitze, so dass sie die Form eines kleinen Dolches haben, dürfen wir Streitsucht und Nörgelei annehmen, besonders wenn eine Schrift auch noch *unregelmäßig* ist und dementsprechende andere Merkmale aufweist. Die Druckstellen sollten gleichmäßig verteilt sein. Sind sie das nicht und treten nur in einzelnen Buchstaben auf, besonders bei einer unregelmäßigen Schrift, so ist die Erregbarkeit groß. Hervortretende Druckstellen an den Großbuchstaben deuten auf Eitelkeit.
Im Gegensatz zu den anderen Merkmalen einer Handschrift, deutet der Druck an sich auf gewisse Merkmale der Persönlichkeit. Er stellt mehr als jegliches andere Merkmal eine physische Qualität dar.
Eine Druckgebung, die dauernd abwechselnd gestaltet ist, deutet auf Unreife der Persönlichkeit. Der Urheber ist seelisch noch nicht ausgeglichen und pendelt zwischen Zurückhaltung und Aggressivität, Lebensfreude und Schwermut, zwischen idealen und materiellen Vorstellungen. Sein Sexualleben ist unbefriedigend. Wenn andere Zeichen dafür sprechen: Verlogenheit.
Nebenbei bemerkt, bezieht sich das oben Gesagte genauso gut auf Kinder. Das zurückhaltende Kind schreibt mit schwachen und das aggressive Kind mit starkem Druck. Es ist ein gutes Zeichen, wenn ein Mann mit 80 Jahren, starken, regelmäßigen Druck in seiner Handschrift aufweist.

Bevor wir nun andere Merkmale der Handschrift aufsuchen, wenden wir uns kurz der Unterschrift zu.
Später, in einem anderen Kapitel, werden wir uns ausschließlich der Unterschrift widmen, vorerst beachten wir nur die Druckgebung und vergleichen diese mit der Druckgebung der übrigen Schrift.
Eine Unterschrift, die sich auf irgendeine Weise von der übrigen Schrift unterscheidet, sei es nun in der Druckgebung, Zeilenrichtung, Gestaltung der Buchstaben usw., ist immer ein Zeichen dafür, dass der Schreiber an-

ders erscheinen möchte, als er in Wirklichkeit ist, bewusst oder unbewusst. Eine natürliche, der sonstigen Schrift entsprechende Unterschrift besagt natürliches Auftreten. Legt der Schreiber wenig Wert auf das Hervorheben seiner eigenen Persönlichkeit, seines Ichs, auf den Eindruck, den er bei der Umwelt hervorruft, wird auch seine Unterschrift dementsprechend bescheiden wirken.
Nehmen wir die am meisten vorkommenden Unterschiede in Bezug auf Druckgebung der Unterschrift im Vergleich zur restlichen Schrift, so haben wir:

I. Eine Handschrift mit allgemein schwacher Druckgebung, aber eine Unterschrift mit stärkerer oder starker Druckgebung. Dies ist für den Graphologen ein amüsantes Zeichen, denn der Urheber beweist damit, dass er alle die Eigenschaften des Schreibers der schwachen Druckgebung hat, aber äußerlich den Eindruck einer viel stärkeren Persönlichkeit vermitteln will.
II. Das Gegenteil ist bewiesen, wenn eine durchwegs starke Druckgebung in der Handschrift, von einer Unterschrift mit schwacher Druckgebung begleitet ist. Der Schreiber möchte bescheidener erscheinen als er ist. Die Gründe hierfür können viele sein, und es empfiehlt sich, vorsichtig mit dem Betreffenden zu sein.

Im Allgemeinen sollte man der Unterschrift keinen besonderen Wert beilegen, außer sie weist Unterschiede von der restlichen Schrift auf. Unterschriften werden oft „trainiert“. Menschen, die viele Briefe unterschreiben müssen, weisen fast immer eine Unterschrift auf, die sich von der eigentlichen Schrift durch Merkmale der Eile usw. unterscheidet.

Wir haben nun verschiedene Arten der Druckgebung besprochen, doch sollte der Anfänger sich damit begnügen, folgende Merkmale der Druckgebung zu beachten:

a. starker Druck
b. schwacher Druck
c. mittlerer Druck
d. abwechselnder Druck
e. Unterschrifts-Druckgebung im Vergleich zur übrigen Schrift
f. Teigigkeit vorhanden

# Einführung zu den nächsten Kapiteln

In unserer Studie zur Handschrift-Analyse haben wir bisher die Handschrift als Ganzes betrachtet. Genauso wie wir ein Gemälde von einer gewissen Entfernung betrachten, haben wir uns mit der Gesamterscheinung einer jeglichen Schrift befasst. Nun aber nähern wir uns dem Gemälde und sofort fallen uns verschiedene Einzelheiten auf, die sich nach längerer Beobachtung und weiterhin näherem Hinsehen an Vielzahl steigern werden. Das Analysieren einer Handschrift fordert lange und genaue Beobachtung, wobei alles Wichtige *notiert* und alles Unwichtige ausgeschaltet werden muss. Dies ist insofern zu verstehen, dass wir diejenigen Zeichen, die öfters erscheinen, als einen tatsächlichen Bestandteil der Handschrift gelten lassen; gewissen Zeichen, die nur sehr vereinzelt erscheinen, werden wir keine besondere Bedeutung zumessen. Nachdem wir uns nun schon vor unserem geistigen Auge eine zusammenfassende Grundlage der Persönlichkeit durch deren Randbildung, Linienführung, Zeileneinrichtung und Druckgebung, sowie Größe und Form der Buchstaben gemacht haben, wenden wir uns den einzelnen Merkmalen zu, die diesen Eindruck abschwächen, verstärken oder bestätigen sollen. Da die Schrift den Charakter und die Persönlichkeit eines Menschen deuten soll, müssen wir diese genauso einschätzen, wie wir die körperliche Gestalt eines Menschen einschätzen würden. Hätte nun ein Mann, sehr stark ausgebildete Arme, aber einen allgemein schmächtigen Körper, würden wir auch nicht aufgrund der Arme allein annehmen, es handle sich hier um einen ausgesprochen starken Mann. Genauso wenig können wir von einem dicken Menschen behaupten, er sei gefräßig oder von einem mageren Typ, er esse sehr wenig.
Viele Akrobaten sind von fast zierlicher Gestalt, dagegen finden wir ausgesprochene „athletische“ Typen unter den Schriftstellern. Im Gegensatz zu einer gewissen Vorsicht, die bei der Einschätzung eines Menschen nach der Gestalt geübt wird, lässt sich der Anfänger bei einer graphologischen Analyse sehr leicht durch ein oder zwei Merkmale zu einem allzu raschen Urteil verführen. Um aber selbst nicht lächerlich, dem Betreffenden und der Graphologie im Allgemeinen nicht schädlich zu sein, muss dem Anfänger Gewissen und Stolz dazu verhelfen, äußerst vorsichtig und gewissenhaft bei einer Analyse vorzugehen.

Zu diesem Zweck sind nun die folgenden Kapitel verfasst.

# XVI. Bindungsformen: Wohlwollen, Härte oder Unnatürlichkeit

Am Ende unseres Kapitels haben wir uns kurz mit der Schreibbewegung und mit allgemeinen Bindungsformen befasst, doch nur in Bezug auf getrennte und ungetrennte Worte. Nun kommen wir zu den verschiedenen Bindungen der einzelnen Buchstaben, die bei einer Handschrift-Analyse ganz besondere Bedeutung haben.
Wir wollen hier fünf verschieden Bedingungsformen beachten:

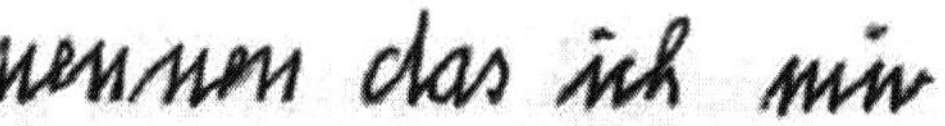

## I. Winkelbildung oder Eckenduktus genannt, obere und untere Ecken

Wenn wir einige Zeilen des deutschen kleinen „i", also Auf- und Abstriche, mit dieser Winkelbildung schreiben, bemerken wir sofort, wie viel Widerstand dazu gehört, um die Winkel scharf auszuführen. Bei den Winkelschreibern vollzieht sich dieser Vorgang unbewusst, deswegen werden wir dem Schreiber Widerstandskraft und Ausdauer zubilligen müssen.
Diesem Schreiber kommen alle Eigenschaften des Schreibers der schon besprochenen eckigen Schrift zu. Finden wir jedoch diese eckige Bindung auch dort, wo in der Normalschrift eigentlich runde Bindungen hingehören, müssen wir außerdem noch auf seelische Härte, auf Kaltherzigkeit schließen. Die Zurückhaltung ist betont und innere seelische Konflikte treiben diesen Schreiber oft dazu, seine Mitmenschen schroff und abweisend zu behandeln; nicht aus Hochmut, sondern eher aus einem Gefühl der Unsicherheit.

es nicht zu tun.

## II. Girlande, Rundung am unteren Ende

Die Girlande findet sich nicht nur dort, wo sie in der Normalschrift vorgeschrieben ist, sondern tritt an der Basis, also unten, der Kurzbuchstaben auf. Vielfach erstreckt sie sich auch auf Buchstaben, die normal eigentlich Ecken haben. Entsprechend der natürlichen Bedeutung der runden Schrift, ist die Girlandenbildung das Zeichen der Weichheit, Herzensgüte, Nachgiebigkeit, Mitgefühl, Offenheit, Zwanglosigkeit und der Sehnsucht nach einem gemütlichen Leben. Echte Lebensfreude und Sehnsucht nach Luxus sind einbegriffen. Ob der Betreffende nun so lebt, oder stattdessen schwer arbeitet und voller Sorgen ist, hat nichts zu bedeuten, denn wir deuten auf seine inneren Wünsche, nicht auf äußere Lebensbedingungen.
Es wird verständlich sein, dass dies im Negativen Beeinflussbarkeit, Unentschlossenheit, Wankelmut, Mangel an Härte ausdrückt. Die Eindrucksfähigkeit ist bei einem Girlandenschreiber sehr stark, er wird seinen Gefühlen leichter nachgeben im guten und im schlechten Sinne.
Bei einer Girlandenschrift müssen wir aber auch auf folgende Erscheinungen achten:

**A.**

Eine übertriebene Ausdehnung der Buchstaben deutet eventuell noch auf guten Willen (doch mit wenig Verstand oder Rücksicht) oder gar auf Verstellung, wobei die positiven Eigenschaften nur vorgetäuscht werden.

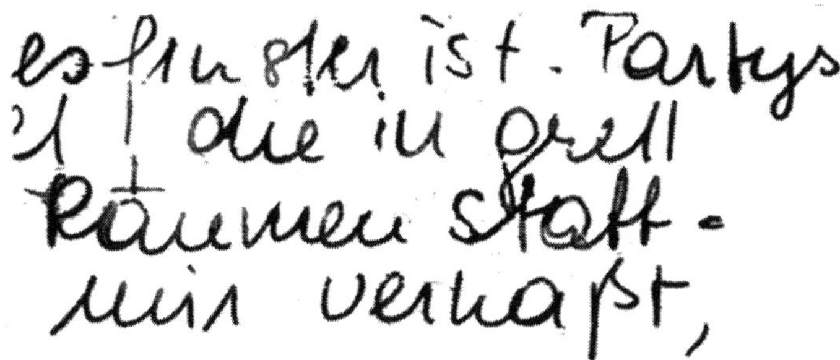

**B.**

Ist die Schrift besonders groß, wobei die Girlande, also die untere Rundung, auffallend *tief* liegt, ist die Unentschlossenheit besonders betont.
Sind die Grundstriche besonders fest, stark verbunden, so ist die Herzensgüte besonders betont, doch nur wenn die gesamte Schrift Girlandenbindungen aufweist.

mit meinem
Wissen Schweigen

vor einem halben Jahr
mich selbst staunen.

**III. Arkade, Rundung am oberen Ende**

Die Arkade, wie schon ihr Name sagt, überwölbt, verdeckt, schließt zu. Dieses Verdecken und Überwölben findet sich im Wesen eines Arkadenschreibers in den verschiedensten Variationen. Der Arkadenduktus gehört Personen an, die neben Verschlossenheit, Überlegung und Besonnenheit besitzen. Auch deutet die bogenförmige Verbindung der Kurzbuchstaben auf Liebe zu gewählten Umgangsformen, Distinguiertheit. Ist die Schrift jedoch von sehr niedrigem Formniveau, unregelmäßig, hat sie noch Einrollungen, kleine Verschlingungen, die nicht hingehören, so haben wir Lügenhaftigkeit und Unaufrichtigkeit vor uns. Allgemein will der Arkadenschreiber anders erscheinen als er ist.

*möchte Sie höflich bitten um*

**IV. Doppelbogen, Rundungen oben und unten**

Diese Menschen sind schwer zu durchschauen, denn ihre Anpassungsfähigkeit erlaubt ihnen, den gewünschten Eindruck zu vermitteln. Man sollte vorsichtig im Umgang mit dem doppelbogigen Schreiber sein.

**V. Fadenduktus: Die Rundungen dehnen sich „fadenartig“ aus und sind nur schwer zu erkennen**

Wenn wir eine Girlande, Arkade oder Doppelbogen ausdehnen, ergibt sich ein schlangenähnliches Gebilde, den so genannten Fadenduktus. Die Variationen dieser Linienführung sind in der Praxis außerordentlich groß. Bei großer Eile und Flüchtigkeit kommt es vor, dass der Leser solcher Schriften, viele Buchstaben „erraten“ muss. Wenn der Fadenduktus stark auftritt, so ist Neigung zur Lüge und Heuchelei angezeigt, zu Verschlagenheit und Raffiniertheit. Der Fadenduktus kennzeichnet an und für sich ein diplomatisches Verhalten: man passt sich an, „schlängelt“ sich durch. Dadurch hat der Schreiber Anpassungsfähigkeit und Vielseitigkeit. Tritt diese fadenartige Bewegung durchwegs auf, haben wir es mit Unechtheit, Schauspielerei zu tun. Der Fadenduktus kommt oft mit Merkmalen der Hysterie vor.

Wir müssen hier natürlich zwischen dem Fadenduktus einer normalen oder einer in größter Eile entstandenen Schrift unterscheiden. Ist die Schrift in der Eile entstanden, müssen wir die oben genannten Eigenschaften abschwächen.

Nicht immer ist die Fadenschrift ein Zeichen bewusster Lüge oder Heuchelei. Oft sind diese Eigenschaften ganz unbewusst bei dem Schreiber vorhanden. Er sieht die Dinge einfach so.

Bevor wir dieses Kapitel beenden, kommen wir kurz auf die *Endzüge* einer Schrift. Diese haben nicht unbedingt die Bedeutung der Schrift als solche, doch dürfen wir auch hier bei mehrmaliger Wiederholung derselben Endungen Schlüsse ziehen.

Wenn es nicht direkt

I.

Sind die Endstriche kurz abgebrochen, wo die Normalschrift einen Aufstrich verlangt, wird der Urheber sich im Umgang mit anderen reserviert verhalten.

Wussten Sie auch

II. A.

Situationen, vor denen

II. B.

Endstriche, die nach links zurückschlagen, deuten auf Widerspruchsgeist und Rechthaberei. *Alle linksläufigen Züge sind ein Merkmal des Egoismus.* Das gilt für alle Buchstaben und Satzzeichen. Wir werden später noch darüber sprechen.

## III.

Flache Schlusskurven, die eine Fortbewegung der Girlandenbildung sind, deuten auf Höflichkeit und Lebensfreude, besonders dann, wenn auch die übrige Schrift Girlandenbindungen zeigt.

## IV.

Der Fadenstrich am Ende eines Wortes, hat nicht die gleiche Bedeutung der Fadenbindung im „Inneren“ des Wortes, denn er kann aus Eile und schnellem Denken entstehen. Weisen die sonstigen Bindungen keine Nachteile auf, so kann der Endfaden auch als ein Zeichen der Schreibgewandtheit gewertet werden. Natürlich nur bei einer Schrift auf höherem Niveau.

Viele Schriften weisen weder eindeutig die eine noch die andere Bindung auf, sondern vielmehr eine *Zusammensetzung* zweier oder mehrerer Bindungsformen. Bei derartigen Schriften muss man die verschiedenen Bindungen sozusagen abwägen. Je nachdem wie die verschiedenen Charaktereigenschaften der unterschiedlichen Bindungen auftreten, muss man zusammenfassen, abschwächen oder verstärken.

# XVII. Phantasie oder praktischer Verstand: Bereicherungen und Vereinfachungen in der Schrift

Wir könnten mitunter unsere Welt der Gegenstände in praktische und unpraktische Dinge einteilen. Die praktischen Dinge sind diejenigen, die wir unbedingt brauchen, um am Leben zu bleiben. Die unpraktischen Dinge können solche sein, die unser Leben verschönern oder unsere Eitelkeit befriedigen.

Weil wir diese Dinge im täglichen Leben finden, müssen wir annehmen, dass auch alle Menschen einen praktischen, einen „eitlen“ und einen Schönheitssinn besitzen. Die Handschrift verrät uns, wie weit der jeweilige Schreiber mit der einen oder anderen Eigenschaft behaftet ist; bzw. ob der praktische Verstand, der Schönheitssinn oder die Eitelkeit bei ihm überwiegen.

Unter Bereicherung der Schrift verstehen wir alle Linienführungen, die nicht unbedingt notwendig sind, um die Schrift verständlich zu machen und die der normalen Schulschrift im Laufe der Jahre von dem Schreiber, bewusst oder unbewusst, hinzugefügt worden sind.

Bei Vereinfachung der Schrift verstehen wir eine Linienführung, die von der normalen Schrift insofern abweicht, als sie alles Überflüssige weglässt und nur das absolut Notwendige zur Verständlichkeit beibehält. Die vereinfachte Schrift ist nicht mit einer schlampigen Schrift gleichzustellen: die erste dürfte ein hohes, die zweite ein niedriges Niveau haben.

Bei allen Verzierungen ist zu beachten, ob dieselben geschmackvoll sind, überflüssig oder störend und holprig erscheinen.

Hat eine Schrift weder Verzierungen noch Vereinfachungen aufzuweisen, so haben wir es sehr wahrscheinlich mit einem Schreiber zu tun, dessen Persönlichkeit sich seit den Schuljahren wenig entwickelt hat, denn wie wir schon sagten, sind alle Abweichungen von der normalen Schulschrift Ausdrücke der Persönlichkeit.

## I. Eine phantasievolle Bereicherung

Geschmackvolle Verzierungen deuten auf Schönheitssinn, Sinn für Repräsentation, Formgefühl, Ideenreichtum. Der Schreiber solcher Bereicherungen (bzw. Verzierungen) liebt schöne Dinge, und weil er diese Dinge auch um sich wünscht, findet er (genauso wie seine Schrift) mehrere Wege, um zu ihnen zu gelangen. Deshalb deutet die Bereicherung der Schrift auf eine gewisse Tendenz, sich den Dingen „anzupassen", den „Weg zu finden", mag dieser auch etwas umständlich sein.

## II. Eine vereinfachte Schrift auf hohem Niveau

Je einfacher eine Schrift ist, desto mehr Klarheit, Kritik, Verstand, Ordnungssinn und Urteilskraft besitzt der Schreiber. Es wird einleuchten, dass der Schreiber einer vereinfachten Schrift imstande ist, nur das Wesentliche, das Praktische herauszuholen. Diese Menschen besitzen meistens eine gute Einsicht und Menschenkenntnis. Ihre Nüchternheit bezahlen sie eventuell mit dementsprechender Phantasielosigkeit, Mangel an Schönheitssinn. Im Gegensatz zu dem Schreiber einer verzierten Schrift wählen diese Schreiber den direkten Weg.

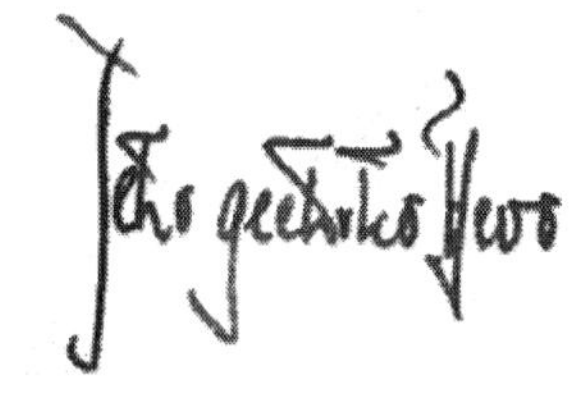


## III. Eine unnütze, überflüssige Bereicherung

Die Bereicherungen dieser Schrift sind weder geschmackvoll, noch dienen sie der Sache und deuten auf Selbstgefälligkeit, Wichtigtuerei, Eitelkeit und Angeberei hin. Die Abweichungen erscheinen uns nicht natürlich, denn sie verbinden nicht, noch verschönern sie die Schrift. Man will hier anders erscheinen als man ist. Das innere Gleichgewicht ist gestört.

## IV. Eine vereinfachte, aber nachlässige Schrift

Auch diese Schrift ist vereinfacht, doch die Buchstaben sind kaum leserlich. Die Vereinfachung entsteht durch Eile. Der Schreiber möchte bald fertig werden, sei es auch auf Kosten der Präzision. Bei diesem überwiegt die Nachlässigkeit, die auch sein Urteilsvermögen beeinträchtigen wird. Der Schreiber ist ungenau, oft unzuverlässig.

Bereicherungen und Vereinfachungen der Handschrift finden sich in vielen Variationen und erst geduldiges Beobachten und für den Anfänger eventuelles Nachzeichnen lassen Schlüsse auf eine „gute“ oder „schlechte“ Bereicherung oder Vereinfachung der Schrift ziehen.
Es sei noch schnell erwähnt, dass eine Handschrift, die gleichzeitig vereinfacht, nachlässig und *langsam* verfasst wirkt, nunmehr nicht mehr auf Nachlässigkeit, sondern auf Trägheit, Faulheit und Unentschlossenheit deutet.
Die oben erwähnten Bereicherungen, auch Schnörkel genannt, dürfen keinesfalls mit den „Knoten“ und „Haken“ der folgenden Beispiele verwechselt werden.

**I. Wortende mit Haken**

Dieser Haken am Wortende bedeutet genau das, was wir auch mit dem Ausdruck „festhaken“ meinen. Der Schreiber solcher Haken, seien sie nun am Ende oder Anfang eines Wortes, hakt sich gerne an eine Idee, aber auch an eine Person oder an einem Ort fest. Wenn wir diesen Haken nur am Anfang eines Wortes sehen, so deutet dies, dass sich der Schreiber zwar festhaken möchte, doch noch eventuell auf eine andere Einstellung hören oder eingehen mag. Am Ende des Wortes deutet es auf das Gegenteil. Der Schreiber wird eventuell anfänglich zurückhaltend zuhören können, doch gegen Ende wird er sich zäh in eine Idee verbeißen und es dürfte sehr schwer sein, ihn nunmehr davon abzubringen. Finden wir Haken sowohl am Anfang wie am Ende der Wörter, so haben wir es mit einem außerordentlich hartnäckigen Menschen zu tun.

**II. Haken und Knoten**

Hier gesellen sich zu den Haken noch Knoten, die nichts mit Verzierung der Handschrift zu tun haben. Der Schreiber einer derartigen Handschrift

hat sich nicht nur „festgehakt“, sondern seine Einstellung noch „verknotet“. Diesen Menschen werden wir nur mit sehr großem Taktgefühl zu einer Änderung seiner Wünsche bringen können. Nicht nur wird der Verfasser auf seiner Idee beharren, ein jegliches Hineinreden wird ihn kränken und beleidigen. Sollte die Idee eines anderen auch ihm als besser erscheinen, wird er seinen Standpunkt dennoch nicht ändern, sondern gar dem Überbringer böse sein.
Derartige Haken und Knoten werden wir kaum in größeren Handschriften mit runden Buchstaben finden, denn diese deuten größere Bereitschaft zur Mitarbeit an. Diese hartnäckige Einstellung finden wir deshalb eher in kleineren, eckigen Handschriften. Oft folgt der Unterschrift ein Punkt, oder der t-Durchstrich weist ebenfalls einen oder zwei Haken auf:

Mit den obigen Deutungen soll nicht unbedingt auf negative Charakterzüge gezielt sein. Oft ist gerade das Gegenteil der Fall. Hartnäckigkeit und Entschlossenheit sind für ein jegliches Unternehmen nicht nur wichtig, sondern absolut notwendig. Derjenige, der nun eine Handschrift analysiert, muss diese Zeichen der Hartnäckigkeit und der Entschlossenheit genau abwägen und mit anderen Zeichen in der Schrift vereinbaren. Er wird dann auch diese Charakterzüge als einen Teil der gesamten Persönlichkeit mit einschließen.
Erscheinen diese Haken und Knoten nur sehr vereinzelt, dann sollten sie nicht zu ernst genommen werden.

# XVIII. Ober- und Unterlängen: Geistige und materielle Interessen

Die Form der Großbuchstaben ist sehr aufschlussreich und wichtig bei der graphologischen Beurteilung. Zugleich mit der Länge der Großbuchstaben beachten wir die allgemeine Höhe der Schrift. Diese wird durch die Höhe der Lang- und Anfangsbuchstaben gekennzeichnet. Auch Kurzbuchstaben können verhältnismäßig lang sein und sich sowohl in die Höhe wie in die Tiefe ausdehnen. Ferner beachten wir die i-Punkte, die u-Haken und eventuell hochgesetzte t-Striche.

Der Schreiber betrachtet das Blatt vor ihm, von links nach rechts. Er beginnt links, um auf die rechte Blattseite zu gelangen. Die rechte Blattseite ist sozusagen sein Ziel.

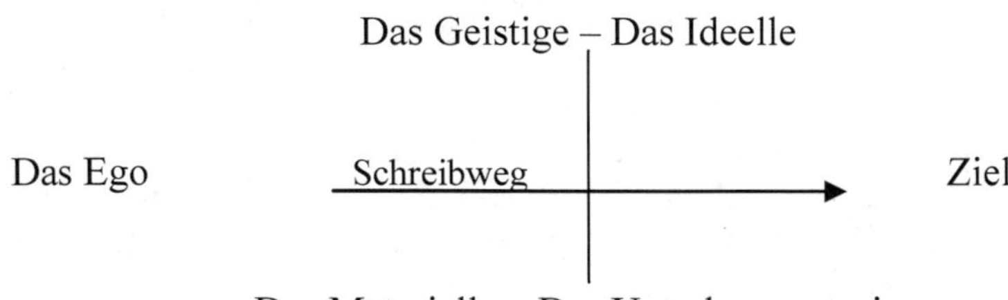


Bisher haben wir seine Art „an das Ziel zu gelangen" studiert. Wir haben uns mit seiner Eile, seiner Langsamkeit, seinen direkten und indirekten Weg beschäftigt. Mit anderen Worten: Mit den Charaktereigenschaften, die er zur Erreichung seines Zieles anwendet. Nun aber wollen wir erfahren, *was* ihm sein Ziel eigentlich bedeutet. Ist es eine ideelle oder eine materielle Befriedigung, die ihn vorantreibt? Ist es eine Kombination der beiden oder geht der Betreffende vorwärts, ohne zu wissen, was er eigentlich am Ziel erreichen will, strebt er bewusst oder unbewusst voran?

Die Ober- und Unterlängen der Großbuchstaben, sowie der Anfangsbuchstaben, geben uns hierüber Aufschluss. Gerade bei den Ober- und Unterlängen finden wir eine derartige große Variation der Formen, des Druckes, der Breite und der Enge, der Bereicherungen und der Vereinfachungen, dass der Lernende sich ganz besonders mit dem Studium dieser Merkmale befassen sollte.

Man müsste nun annehmen, dass Großbuchstaben, deren Oberlängen betont nach oben streben, gerade das nach „oben streben" ausdrücken. Man will hoch hinauf, man ist ehrgeizig, man möchte vorwärts kommen. Diese Aus-

legung allein genügt aber nicht, denn um „hinauf zu kommen", müssen wir vorwärts streben, also nicht hinauf und hinunter, sondern von links nach rechts unserem Ziel zu. Wenn wir also so erpicht sind „hoch hinauf" zu wollen, warum halten wir uns unterwegs auf, indem wir plötzlich unsere Oberlängen betont nach oben oder unsere Unterlängen betont nach unten senden?
Dies lässt sich ganz einfach erklären: Auf unserem Weg zum Ziel brauchen wir „Proviant". Der Denker, der Arbeiter oder Kaufmann brauchen geistige und materielle Kräfte. Die Gedanken kommen von „oben", die materiellen Kräfte von „unten". Die geistige Welt, die Welt der Ideale, der Religion, der „höheren Politik", aber auch die Welt des Stolzes, des Ehrgeizes, der Anmaßung, der Eitelkeit, der „hohen Herren", schwebt unbewusst in unserem geistigen Auge oben.

Die materiellen Schätze unserer Welt aber liegen unten, im Reich der Erde. Unsere körperlichen Befriedigungen, die Sinnlichkeit, das erotische Erlebnis, gehören ebenfalls zu unseren materiellen Bedürfnissen. Diese suchen wir nicht „oben" im Reich der Gedanken, sondern „unten" auf dieser Erde.
Es wird dem aufmerksamen Leser nicht entgangen sein, worauf ich hinaus will. Die Oberlängen in der Handschrift deuten auf ein „heranholen" geistiger und die Unterlängen auf ein „verschaffen" materieller Bedürfnisse.
Da jeder Mensch sowohl eine geistige, wie eine materielle Welt in sich hat, kommt es nun darauf an, die Betonung der einen oder der anderen festzustellen.
Es wäre falsch anzunehmen, dass Denker das Materielle nicht zu schätzen wüssten. Gewisse Denker haben sogar einen ausgeprägten Hang zu materieller Befriedigung.
Auch greift nicht nur der Denkende nach oben, denn das Geistige an sich ist noch lange kein Beweis der Fähigkeit.
Das Nach-Oben-Streben deutet lediglich auf die Tendenz, den Wunsch, sich von oben zu „versorgen", nicht auf die Fähigkeit dazu.
Die Betonung der Unterlängen dagegen betont den Wunsch, sich von unten zu versorgen, aber wiederum nicht auf die Fähigkeit dazu.
Eine weitere Deutung der Ober- und Unterlängen bezieht sich auf die Gedankenveranlagung des Schreibers. Sie verraten den selbständigen und den vorsichtigen Denker, den bewusst oder den unbewusst Schaffenden.
Verschiedene Merkmale der Unterlängen deuten auf die Triebhaftigkeit, die eventuelle erotische Phantasie, Unterleibsstörungen, abnormale Sexualität.

Wir wollen nun einige Beispiele heranziehen:

## I. Betonte Oberlängen

Betonte Oberlängen, sehr hoch gesetzte i-Punkte deuten auf Idealismus und hochfliegende Pläne.

## II. Betonte Unterlängen besonders geschwollen

Ein Zeichen der Freude und der Unternehmungslust. Selbstständiges und vorsichtiges Denken wechseln sich ab. Umso breiter und geschwollener die Unterlänge, umso lebensfroher der Schreiber. Die Erotik spielt beim Schreiber derartiger geschwollener Unterlängen eine wichtige Rolle. Die erotische Phantasie ist übertrieben. Eitelkeit ist vorhanden. Der Schreiber möchte geliebt werden und wäre allein nicht glücklich. Er möchte von gleich gesinnten Menschen umgeben sein, ruhige Typen würden ihn langweilen.

Ist der Druck besonders stark, so hat der Schreiber einen gewissen praktischen Sinn und richtet sein Streben auch nach materiellen Gütern und Leistungen.

Bei schwachem Druck überwiegt das Romantische und der Schreiber hat oft ein Empfinden für Musik und für die schönen Künste. Seine praktische Weltanschauung ist unreif, er vergeht in Träumereien.

### III. Betonte Ober- und Unterlängen mit normaler Druckgebung

Hier haben wir eine Zusammensetzung der beiden vorhergegangenen Typen, wobei jedoch die Ober- und Unterlängen keineswegs geschwollen sind. Der Wunsch wäre sowohl von oben wie von unten, von der ideellen, wie von der materiellen Welt zu schöpfen. Insgesamt gesehen also: Betonter Ehrgeiz, der auf eine unbefriedigende Gegenwart zurückzuführen ist. Bei der Beurteilung der Ober- und Unterlängen ist es angebracht, die Willenskraft und das Niveau des Schreibers zu berücksichtigen. Zeigen sich nämlich Merkmale der Schwäche (Druck, Linienführung) oder der Einfachheit (Bindungsformen, Niveau der Handschrift), dann wird das Unbefriedigtsein größer und der Unternehmungsgeist schwächer sein. Umgekehrt, wenn die Handschrift Merkmale der Stärke, der Willenskraft und der Intelligenz aufweist.

### IV. Betonte Oberlängen, kleinere Unterlängen

Betonte Oberlängen, kleinere Unterlängen deuten auf den Wunsch geistiger Tätigkeit. Dieser Wunsch entspringt einer gewissen Behinderung aus dem Materiellen zu schöpfen.

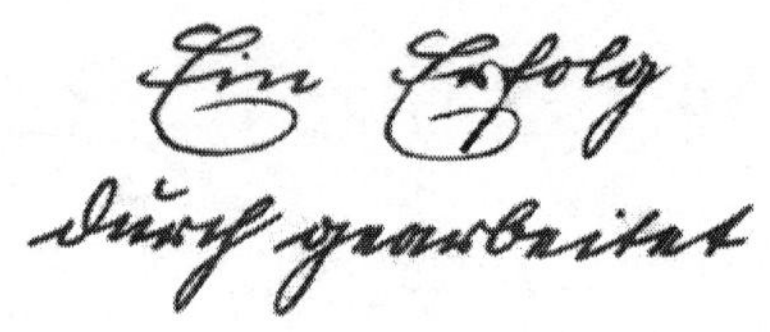

### V. Betonte Unterlängen, kurze Oberlängen

Betonte Unterlängen, verhältnismäßig kurze Oberlängen, deuten auf einen übertriebenen Wunsch aus dem Materiellen zu schöpfen. Dies bedeutet nicht unbedingt, dass der Verfasser einer solchen Handschrift geldgierig sei. Seine Wünsche nach materieller Befriedigung können sich auch auf das Sexuelle richten. Der Schreiber kann auch den Wunsch haben, „Erfahrungen“ zu sammeln, um diese dann geistig zu verwerten. Das Unbewusste kann bei Schreiber dieser Art oft eine große Rolle spielen. Hier ganz besonders, kommt es darauf an, die Art der Unterlängen unterscheiden zu können.

### VI. Übertriebene Oberlängen, nichtssagenden Schleifen

Übertriebene Oberlängen mit nichtssagenden Schleifen, die nach links also zum Startpunkt, zum eigenen *Ich* zurückkehren, deuten auf den Wunsch intellektuell zu erscheinen. Doch hier handelt es sich um leere Eitelkeit, die mit Angeberei, falschem Stolz einhergeht. Befinden sich dann noch Einrollungen in den Unterlängen, so will uns der Schreiber außer seiner „Intellektualität“ noch eine gewisse Männlichkeit bzw. starke Erotik vortäuschen.

### VII. Ober- und Unterlängen ohne Schleifen

Die Ober- und Unterlängen entbehren jegliche Schleife und sind mit den einfachsten Mitteln vollführt worden. Man will sich nicht mit unnötigen

Dingen belasten und geht geradewegs aufs Ziel los. Auch dieser Schreiber kann sich für neue Gedanken interessieren, doch wird er vorerst etwas warten und das Angefangene zu Ende führen. Angeberei und Pose sind diesem Schreiber widerwärtig. Seine negative Seite könnte eine gewisse Phantasielosigkeit sein. Ist der Druck der Ober- und Unterlängen betont stark, so kommt eine Halsstarrigkeit hinzu, die dem Schreiber mehr schädlich als nützlich sein dürfte. Ungeduld mit anderen, die langsamer und umständlicher vorgehen, ist ebenfalls ein Charakterzug dieses Schreibers.
Aufgrund dieser Eigenschaften sind Menschen dieser Art oft einsam und bringen nicht die nötige Toleranz auf, um andere Menschen an sich heranzuziehen.
Natürlich bezieht sich dies nur auf eine Handschrift, die auch sonst Merkmale der Entschlossenheit aufweist. Ist die Handschrift „langsam" abgefasst oder das Gesamtbild auf ein niedriges Niveau einzustufen, dann werden wir nur die negativen Merkmale, nicht aber die positiven, diesem Schreiber zusprechen müssen.

## Die Deutungen der Unterlänge

Es werden sich kaum in den Einzelheiten vieler Handschriften so viele Unterschiede finden lassen, wie es bei den Unterlängen der Fall ist. Über viele Deutungen der Unterlängen bestehen zum Teil derartig große Meinungsverschiedenheiten unter den Graphologen, dass man mit Recht sagen kann, dieses Teilgebiet der Graphologie ist noch lange nicht erschöpft und es wird noch vieler Jahre, Untersuchungen und konzentriertes Studium bedürfen, um die zurzeit herrschenden Meinungen zu verallgemeinern.
Trotzdem, um den Lernenden nichts vorzuenthalten, wollen wir eine Anzahl Ausführungen der Unterlängen mit allgemein bestehenden Deutungen vorführen.

Man knotet sich zusammen. Selbständiges Denken, doch schwer zu verstehen aufgrund eigentümlicher Phantasie, oft Homosexualität.

Schnelles Denken. Wachsamkeit. Offenheit. Sind die folgenden Buchstaben gut gebunden und individuell gestaltet, guter Geschmack und Bildung.

Uneigennützigkeit, ebenfalls schnelles Denken und Menschenkenntnis.

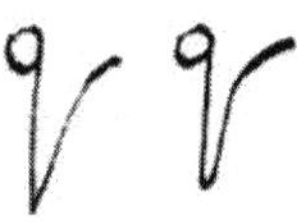

Ist die gesamte Schrift eckig, schwächt sich die Bedeutung; ist die Schrift aber rund, so deutet dieses Dreieck auf Eitelkeit. Betonter starker Aufstrich.

Diese doppelte Schleife hat dieselbe Bedeutung unseres ersten Beispiels, doch ist diese Persönlichkeit mit übertriebener Halsstarrigkeit auf ihre Ideen versessen.

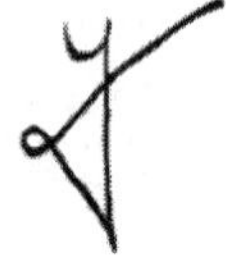

Die druckstarke Biegung nach links deutet auf den Wunsch „zu sich selbst zurückzukehren“. Eigennutz, materiell eingestellt.

Materielle Einstellung. Ist die Handschrift zittrig: Traurigkeit. Weist die Handschrift Schleifen und Überstriche auf: Angeberei, Eitelkeit und bewusste Täuschung.

Haken an der Unterlänge. Man hakt sich fest.

A: Ein Zeichen der Beharrlichkeit. Man legt Wert auf Einzelheiten.

B: Die Unterlänge gleicht einem Fischhaken. Man will etwas einfangen, ohne sich besonders anzustrengen.

Diese rechtsläufigen Biegungen der Unterlängen können nur zeitlich auftreten, denn sie bedeuten eine Enttäuschung, meistens in Liebesangelegenheiten.

Die linksläufige Biegung bedeutet, wie fast alle linksläufigen Züge einer Handschrift, auf die Schwierigkeit, vom eigenen Ich wegzukommen. Bei den Unterlängen bezieht sich dieses Merkmal hauptsächlich auf das Sexuelle. Hemmungen, Prüderie oder Angst können die Beweggründe sein.

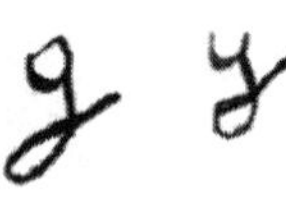

Gleiche Deutung wie oben, doch betonter.

Diese untere Schleife deutet auf ein nunmehr praktisches Wesen, das sich von seinen Trieben freigemacht hat.

Schwache Willenskraft. Unbefriedigendes Sexualleben. Abhängigkeit. Mitleid mit sich selbst.

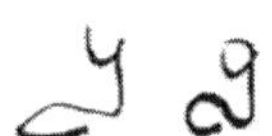

Egoismus. Der Schreiber dieser Haken möchte alles an sich ziehen.

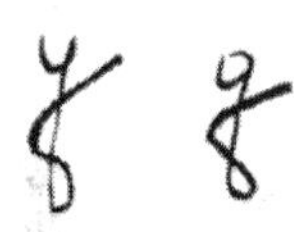

Auch dieser Schreiber gelangt zum Ziel, doch auf Umwegen. In den Unterlängen können sich derartige Abschweifungen, außer den vorhergedeuteten Eigentümlichkeiten, auch auf das sexuelle Leben des Betreffenden beziehen.

Auch hier haben wir einen Haken, doch ist dieser nicht besonders betont. Die Weite des Bogens deutet eher auf Phantasie. Man will materielle Erfahrungen heranholen. An den Oberlängen müssen wir ersehen, ob diese geistig ausgewertet werden sollen oder ein Zeichen der Angeberei, eventuell der Selbsttäuschung bedeuten. Hochstehende i-Punkte oder u-Zeichen, sowie in das Geistige greifende Oberlängen bestätigen den ersten, Armut der Oberlängen, übertriebene Verzierungen, niedrig gesetzte i-Punkte und u-Zeichen, bestätigen den zweiten Gedanken. Romantisches Wesen.

Genauso wie alle einzelnen Merkmale einer Handschrift mit anderen Merkmalen kombiniert werden müssen, so soll sich der Lernende auch hier ganz besonders davor hüten, diese Deutungen der einzelnen Überlängen als grundlegend zu betrachten. Es gibt keine Typenmenschen. Im Leben finden wir Gutes und Böses in engster Gemeinschaft. Der Lernende muss sich zwingen, auch selbst zu denken und zu kombinieren. Ehe man sich auf eine Charaktereigenschaft festlegt, muss man immer abwägen, wie stark oder wie schwach ist dieses oder jenes Zeichen, wie weit ist es durch ein anderes Zeichen gebunden, ist es ein wesentlicher oder nur ein unbedeutender Bestandteil der Schrift.
Später werden wir auf weitere Deutungen einzelner Buchstabenformen zurückkommen.

# XIX. Offenheit und Geheimtreiberei: Diskretion

Man muss diejenigen Menschen, die aus Schüchternheit wenig sprechen, von denen, die Verschwiegenheit als eine Charaktereigenschaft aufweisen, unterscheiden. Am meisten zu befürchten sind aber diejenigen, die nichts verschweigen können. Indiskretion geht meist mit Dummheit und Eitelkeit einher. Wer geistig nicht lebhaft genug ist, eigene Gedanken zu produzieren, brüstet sich mit den Geheimnissen der anderen. Jeglicher Anhalt, der uns über die Diskretion eines Menschen, der uns nahe steht, Auskunft gibt, sollte deswegen unsere ganz besondere Aufmerksamkeit finden. Diskretion ist von Geheimtreiberei zu unterscheiden. Dort, wo Diskretion waltet, ist sie von ehrbaren Gefühlen begleitet, Geheimtreiberei aber eher von einem übertriebenen Misstrauen, das eventuell sogar krankhafte Formen haben kann. Vergessen wir auch nicht die Geheimtreiberei aus Not, die absichtliche Verschwiegenheit.

indiskret

**I.**

Worte, die klein anfangen, sich aber gegen Ende ausdehnen und vergrößern, deuten auf einen Schreiber, der zwar mit allen guten Vorsätzen der Diskretion anfängt, am Ende aber kein Geheimnis für sich behalten kann. Er will zurückhaltend und diskret sein, doch er kann es nicht, er muss ausplaudern.

Meine Gedanken arbeiten

**II.**

Hier haben wir das Gegenteil. Das Wort fängt mit großen Buchstaben an, die gegen Ende kleiner werden. Dieser Schreiber sagt nicht mehr als notwendig ist. Diese Art des Schreibens deutet auf einen interessanten Sprecher, der aber seine Gesprächsthemen diskret auswählt. Umso individueller die Schrift, umso interessanter wird der Sprecher sein. Diese Schreibart finden wir oft bei Menschen, deren geschäftliche oder soziale Stellung große Diskretion verlangt.

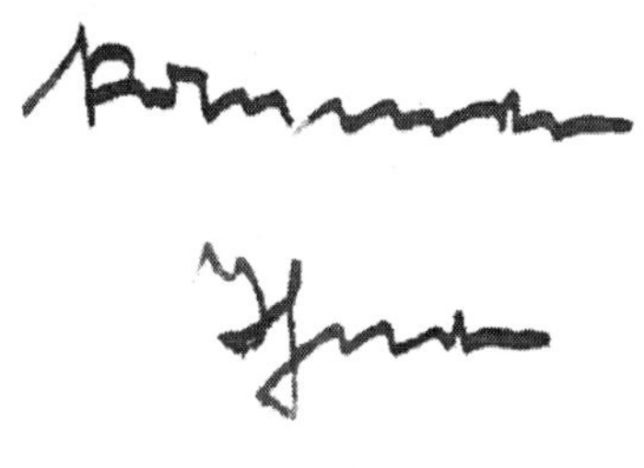

### III.

Hier haben wir die schon besprochene Fadenendung. Die Bedeutung ist die gleiche wie bei dem obigen Beispiel, nur dass die Diskretion eine Form der Geheimtreiberei annimmt. Diese Fadenendung finden wir oft in den Unterschriften.

Wenn der Leser nun eine Analyse in Bezug auf Diskretion ausarbeitet, muss er sich vor Augen halten: Eine große Handschrift deutet im Allgemeinen immer auf größere Gesprächigkeit als eine kleine Handschrift.

Auch die schon besprochenen Wortabstände und Breiten der Zeilen spielen bei diesem Teil der Analyse eine wichtige Rolle. Sind die ersten Zeilen eines Briefes dicht zusammengedrängt, dehnen sich aber gegen Ende des Briefes aus, so haben wir auch hier eine ähnliche Deutung unseres obigen Beispiels I. Ist der umgekehrte Fall vorhanden, so ist die Deutung mit unserem obigen Beispiel II gleichzustellen.

Beachten wir nun einige weitere Schriftzeichen, die uns über die Diskretion eines Schreibers Aufschluss geben können:

[illegible]

### IV.

Umso „offener“ diese Kurzbuchstaben sind, umso gesprächiger ist der Betreffende. In der Tat erinnern sie uns an kleine Mäuler. Dies soll nicht heißen, dass sich diese Gesprächigkeit nur in kleinen und großen Indiskretionen äußert. Der Sprecher kann auch ein interessanter und willkommener Gast sein. Andere Zeichen seiner Handschrift werden uns darüber aufklären.

## V.

Dieselben Buchstaben, hier aber geschlossen, deuten auf Zurückhaltung und Verschwiegenheit.

## VI.

Diese Buchstaben sind „geschlossen" und „verknotet". Dieser Schreiber ist ganz besonders vorsichtig und sagt nicht mehr als notwendig ist, nicht unbedingt aus Taktgefühl, sondern weil er nicht willig ist, aus sich herauszugehen. Er kontrolliert seine Gespräche und ist auch selbst schwer zu überzeugen.

## VII.

Diese Art, das t oder d auszuführen ist ein Zeichen dafür, dass der Schreiber eine gewisse Menschenkenntnis besitzt, diskret ist und Geheimnisse für sich behalten kann.

Weitere Merkmale der Gesprächigkeit oder der Verschwiegenheit finden wir, außer in den Größen der Buchstaben und Schrift, in dem Druck. Der Schreiber mit einer starken Druckgebung wird weniger verschwiegen sein als der Schreiber einer schwachen Druckgebung, denn er fürchtet sich nicht, seine Meinung zu äußern. Ebenfalls der Schreiber der runden Schrift wird gesprächiger als der Schreiber der eckigen Schrift sein, denn der „runde" Schreiber sucht den Umgang mit anderen Menschen und ist von Natur aus eher bereit, „von sich zu geben". Der „eckige" Schreiber dagegen ist zurückhaltender, vorsichtiger und kann deswegen ihm anvertraute Geheimnisse besser für sich behalten.

Der gewandte Redner wird oft kaum verstehen, dass die Zurückhaltung des anderen nicht unbedingt Misstrauen bedeutet, sondern ein angeborener Zug seiner Persönlichkeit ist. Verschwiegenheit und Gesprächigkeit lassen sich nicht auf- und abschließen, sie sind ein wesentlicher Teil unseres Charakters, den man kaum ändern kann.

# XX. Moderne oder konventionelle Einstellung

Es ist, wie jeder weiß, vollkommen falsch, einem alten Menschen unbedingt herkömmliche und einem jungen Menschen moderne Gedanken zuschreiben zu wollen. Das Alter an sich hat nichts mit der einen oder anderen Einstellung zu tun.
Es gibt sehr viele junge Menschen, die sich zwar gerne als modern und fortschrittlich ausgeben, doch wenn es darauf ankommt, eine direkt deprimierende herkömmliche Einstellung verraten. Wie erfrischend dagegen wirkt eine fortschrittliche Einstellung bei einem reifen, gar alten Menschen.

Es ist eigentlich verwunderlich, wie sehr dieser Aspekt der Handschrift-Analyse vernachlässigt wird. Gerade dieser Gesichtspunkt einer Einstellung scheint mir besonders wichtig, sei es im geschäftlichen, gesellschaftlichen oder privaten Leben. Man braucht keine große Phantasie zu haben, um sich ein Bild der Auseinandersetzungen machen zu können, die gerade durch derartige Verschiedenheit der Einstellung zwischen Geschäftspartnern, Freunden und in der Familie entstehen können. Aus diesen Gründen ist es sicherlich ganz besonders nützlich, sich über die entsprechende Einstellung unserer Nächsten einigermaßen klar zu werden.
Die Handschrift gibt uns hierüber deutliche und klare Auskunft.

Sehen wir uns die folgenden Großbuchstaben an:

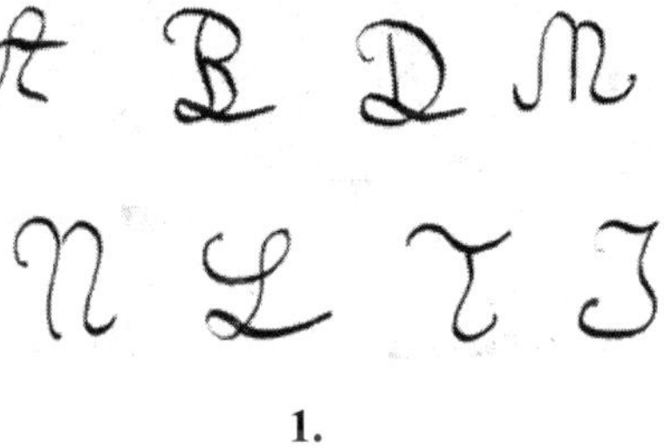

**1.**

Und vergleichen wir sie mit folgenden:

**2.**

1. Diese Großbuchstaben sprechen für sich. Man sieht das Herkommen dieser Buchstaben auf den ersten Blick und sie erinnern uns an vergangene Zeiten der Droschken und der Bälle, der romantischen „alten Zeit". Es gibt nicht mehr viele Menschen, die auf diese Weise schreiben, doch noch genügend, um uns an unsere Großeltern zu erinnern. Wenn uns die Handschriften älterer Menschen mit diesen Buchstaben anschreiben, messen wir ihnen keine besondere Bedeutung zu; doch wenn uns ein junger Mensch mit dieser Schriftart überrascht, ist dies nicht nur amüsant, sondern auch sehr aufschlussreich.

**Variation zu 2.**

Hier haben wir die gleichen Buchstaben, doch sie entbehren jeglichen unnötigen Strich, jeglicher Schleife. Diese Buchstaben sind modern. Beachten Sie ganz besonders das M und N, sowie den einfachen Strich des großen I. Diese deuten auf eine ausgesprochene moderne Einstellung. Der Mann, der so schreibt, hält gar nichts von der Vergangenheit.

Sie dürfen nun nicht meinen, dass nur der gedruckte Buchstabe modern sei. Auch folgende Schreibweise ist durchaus als modern anzusehen, auch wenn nicht in der eindeutigen Form des Druckbuchstaben. Diese können ja auch nur dann als modern betrachtet werden, wenn sie unbewusst ausgeführt werden:

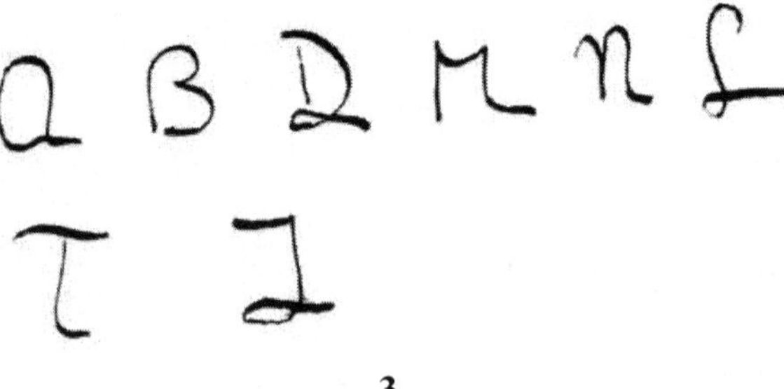

**3.**

Man hat immer den Wunsch, den Anfangsbuchstaben eines Wortes besonders „schön" aber individuell zu gestalten. Aus diesem Grund müssen wir das Ergebnis der Anfangs- bzw. Großbuchstaben, mit den Kurzbuchstaben vergleichen. Haben wir nämlich einen Anfangsbuchstaben, der modern erscheint, doch sämtliche Kurzbuchstaben deuten auf eine herkömmliche Einstellung, so dürfen wir annehmen, dass der Schreiber den Wunsch hat, moderner zu erscheinen als er in Wirklichkeit ist. Umgekehrt, trifft das Gegenteilige zu.

### 1. Kurzbuchstaben mit Auf- und Endstrich

Der Schreiber bedient sich eines Aufstriches und beginnt damit entweder auf der Zeilenhöhe oder gar darunter, zieht den Aufstrich nach oben, bevor er mit dem Buchstaben anfängt.
Dies ist ein Zeichen herkömmlicher Einstellung. Der Verfasser ist nicht bereit, sich kopfüber in eine neue Situation zu stürzen, einen neuen Wohnort oder neue Mode anzunehmen. Erst muss er darüber nachdenken und sich vorsichtig damit auseinandersetzen.

### 2. Kurzbuchstaben mit Endstrich

Der Aufstrich fehlt. Der Schreiber beginnt sofort mit dem Buchstaben oder Wort. Er benötigt keine lange Überlegung und wird sich schneller einer neuen Idee oder Lage anpassen können.

### 3. Kurzbuchstaben ohne Auf- oder Endstrich

Es fehlen Aufstrich und Endstrich. Dieser Schreiber hat sich von den herkömmlichen Einstellungen „gelöst". Wenn wir dieses Merkmal bei einer kleinen Handschrift vorfinden, so deutet dies auf die Fähigkeit des Schreibers hin, sich konzentrieren zu können. Ist die Handschrift weiterhin auf einem hohen Niveau, also individuell gestaltet, so kann man auf schöpferisches Denken und Arbeiten schließen.

Nicht nur Handschrift, sondern auch Zahlen zeigen uns dieselben unterschiedlichen Merkmale:

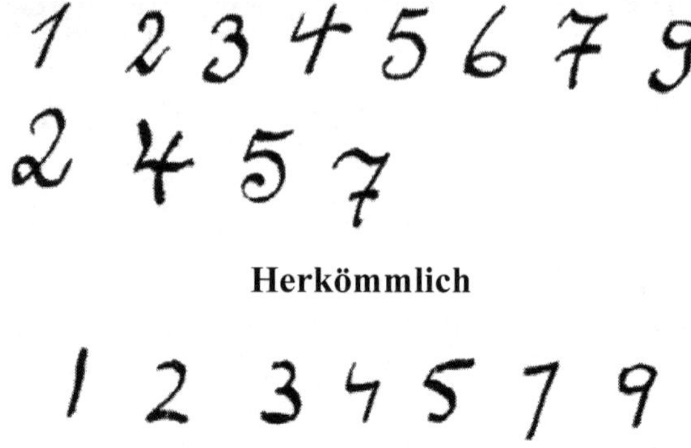


**Herkömmlich**

**Modern**

Bei der Beurteilung der modernen Einstellung müssen wir wissen, welche Art der Schrift dem Betreffenden gelehrt wurde. In manchen Ländern ist es Sitte geworden, Druckbuchstaben zu lehren. In diesem Fall werden wir eine Handschrift, die betont aus Druckbuchstaben besteht, nicht unbedingt als modern betrachten dürfen. Dies aber sind Ausnahmen, denn die meisten Schulen lehren heute die Formationen der Lateinschrift.
Auch die Deutschschrift ist heute praktisch am Aussterben, und obwohl sie in Deutschland auch weiterhin gelehrt wird, werden wir kaum junge Leute finden, die die Deutschschrift in ihrer Korrespondenz verwenden.

Handschriften, die nun Merkmale der herkömmlichen sowie der modernen Einstellung aufweisen, sprechen für sich selbst und sind je nach der größeren Neigung zu beurteilen.

# XXI. Phantasie und Humor

Der Leser, der meine bisherigen Ausführungen einigermaßen aufmerksam verfolgte und sich mit dem Betrachten verschiedener Handschriften befasst hat, dürfte nun „reif" genug sein, Humor, Phantasie oder Humor- und Phantasielosigkeit bei Betrachtung einer Schrift herauszusehen!

Betrachten wir die Handschrift von (1899) Wilhelm Busch,

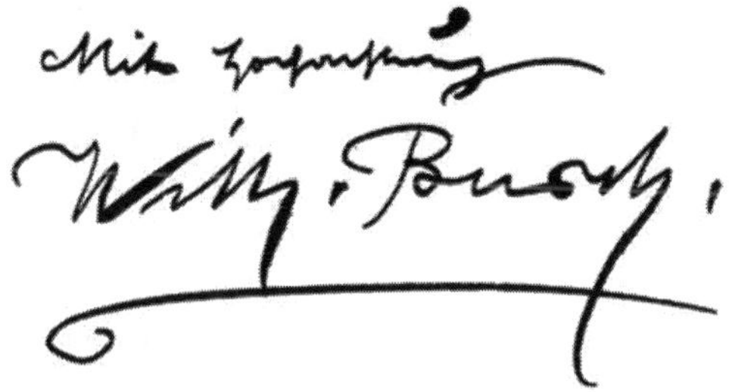

und vergleichen wir sie mit folgender Schrift von Bernhard Shaw:

Im Allgemeinen finden wir folgende Merkmale in einer heiteren Schrift: wellenförmige Querstriche, leicht geschwungene Anstriche, nach aufwärts führende Endstriche, gebogene Buchstabenteile, die von der Schulschrift abweichen, gebogene, offene T-Striche, geschwungene, mit einer Einrahmung versehene Anstriche.

Humor und Phantasie kommen fast immer vereinigt vor, doch müssen wir zwischen Humor und Witz unterscheiden. Eine runde Schrift, die Anzeichen von Heiterkeit und Humor aufweist, deuten wir mit gutmütigem und freundlichem Humor. Dieselben Anzeichen aber in einer eckigen Schrift bedeuten scharfen Witz. Kommen hierzu noch spitze Endstriche, spitz zulaufende Querstriche, so können wir auf boshafte Kritiklust schließen.

Bei einer Handschrift-Analyse sind die T-Striche und die i-Punkte von großer Wichtigkeit, besonders die i-Punkte zeigen uns, ob der Schrifturheber Humor und Phantasie besitzt. Das ungeübte Auge ist manchmal außerstande, die kleinen Unterschiede der i-Punkte zu unterscheiden. Ich rate

Ihnen, sich anfangs einer sechsfach-vergrößernden Lupe zu bedienen. Es ist falsch anzunehmen, dass i-Punkte genau die gleiche Form der Satzpunkte haben. Nähere Betrachtung kann vielfältige Formen der i-Punkte aufweisen. Wir wollen einige der am häufigsten vorkommenden Typen untersuchen:

Der i-Punkt genau gesetzt. Der i-Punkt ist klein. Leichter Druck. Dieser Schreiber ist zwar gewissenhaft, aber Humor und Phantasie sind nicht betont. Umso genauer diese i-Punkte gesetzt und wiederholt sind, umso durchdachter sind die Gedanken.

Auch dieser i-Punkt ist genau gesetzt, doch ist der Druck bedeutend schwerer. Die gleichen Eigenschaften, wie bei unserem ersten Beispiel, doch ist der Schreiber energischer.

Halbmonde, geschwungene Linien, Halbkreise oder andere individuelle Formen deuten auf Sinn für Humor und Phantasie. Umso origineller die Formen der i-Punkte, umso größer der Witz des Schreibers.

Hochgesetzte i-Punkte deuten immer auf lebhafte Phantasie, große Ziele. Der Schreiber ist gesellig und kann sich für neue Ideen begeistern. Die i-Punkte können die Form kleiner Beistriche, oder Linien haben, ganz rund sein, doch sind sie immer weit oben. Ist der Druck stark, so ist die Haltung realistischer und aggressiver, ist der Druck äußerst schwach, so ist die Gesinnung allzu sehr romantisch und träumerisch.

Ein i-Punkt, der diesen starken Druck nach unten aufweist, ist ein Zeichen der Hartnäckigkeit. Die Meinungen sind aggressiv, die Gesinnung ist nun schwer zu ändern, besonders dann, wenn auch noch der t-Strich einen starken Druck nach unten aufweist. Dieser Schreiber kann unter Umständen witzig sein, doch verträgt er keinen Spaß, der auf seine Kosten geht. Temperamentvoll.

Dieser i-Punkt, der einem kleinen Zelt ähnlich sieht, deutet auf einen kritischen Geist mit einem Hang zu boshaftem Witz. Dieser Schreiber muss erst über alle Einzelheiten einer neuen Idee aufgeklärt sein, bevor man seine Begeisterung gewinnen kann.

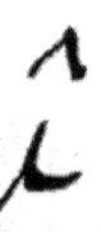

Diese Kreise über dem i oder als u-Häubchen angebracht, deuten auf Verschlossenheit; der Schreiber gibt sich nicht so wie er ist. Weitere Eigenschaften ergeben sich aus anderen Merkmalen der Schrift.

Schlingen, die nach links zeigen, verschlungene Schnörkel und nach links gedrehte Halbmonde deuten, je nach den anderen Zeichen und Merkmalen einer Schrift, auf Eigenwilligkeit, Heuchelei, Falschheit oder Eitelkeit.

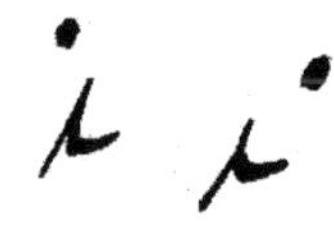

Schließlich sei noch darauf hingewiesen, dass niedrige, links gesetzte i-Punkte auf langsames und rechts gesetzte i-Punkte auf schnelles Denken hinweisen; natürlich nur dann, wenn andere Merkmale der Schrift dies nicht widerlegen.

Wenn wir eine Handschrift sehen, worin die i-Punkte sich in der Form dauernd abwechseln, so folgern wir, dass der Schreiber auch dauernd auf der Suche nach neuen Gedanken ist und eine dementsprechend entwickelte Phantasie und Humor besitzt. Es würde diesen Schreiber langweilen, sich allzu sehr mit einem Gedanken oder Kleinigkeiten abzugeben.

Das Gegenteilige trifft auf den Schreiber zu, dessen i-Punkte sich nie in der Form ändern oder entfernungsmäßig von dem i-Buchstaben abweichen.
Es kommt auch vor, dass wir eine Handschrift vor uns haben, von der es unterlassen wurde, einzelne i-Punkte zu setzen. Kommt dies nur vereinzelt vor, so hatte es der Schreiber vielleicht eilig oder schrieb mit einer fehlerhaften Feder und wir wollen diesem Merkmal keine weitere Beachtung schenken. Finden wir jedoch dieses Anzeichen des Öfteren vor, dann müssen wir annehmen, dass der Schreiber entweder zerstreut oder nachlässig ist. Das Fehlen der t-Striche ist dann oft eine Begleiterscheinung. Dieser Schreiber kann zwar auch Humor und Phantasie haben, doch werden ihm diese Eigenschaften im praktischen Leben wenig nützen.

Satzzeichen: Punkte, Striche, Kreise usw. haben in einer etwas abgeschwächten Form, je nach Bildung, dieselbe Bedeutung der oben beschriebenen i-Punkte.

# XXII. Der T-Strich: Willenskraft, Willensschwäche, Phantasie, Temperament

Gleich dem i-Punkt ist der T-Strich bei einer Handschrift-Analyse von ungemeiner Bedeutung, denn er zeigt uns die Tendenzen des Schreibers in Bezug auf Willenskraft oder Willensschwäche, Phantasie, Temperament, Lebendigkeit, Tatkraft, kritische oder pedantische Einstellung, Hang zum Zaudern, ideelle und humorvolle Einstellungen.

**1.** Der T-Strich ohne Querstrich. Wenn wir dies vereinzelt vorfinden, können wir annehmen, der Schreiber hatte Eile. Bei mehrmaligem Vorkommen müssen wir auf Nachlässigkeit schließen. Sind alle vorkommenden t ohne Querstrich, so hat dies nichts mit Eile oder Nachlässigkeit zu tun, sondern deutet auf Mangel an Willenskraft.

**2.** Einfacher, gerader Querstrich. Dieser Querstrich ist dem t größenmäßig angemessen und durchkreuzt das t genau am richtigen (in der Schule gelehrten) Platz. Demzufolge deutet es auf seelische Gleichmäßigkeit und Kontrolle der eigenen Gefühle. Gewöhnlich finden wir zusammen mit diesen t-Strichen, genau gesetzte i-Punkte und eine einfache, aber ordentliche Handschrift. Phantasie und Temperament sind nicht betont.

**3.** Nur rechts erscheinender halber Strich deutet auf Sorgsamkeit und Genauigkeit. Eventuell, wenn andere Zeichen dafür sprechen, auf Kleinlichkeit und Pedanterie.

**4.** Entgegengesetzter (nur links) t-Strich. Wenn er diese halbierte Form links vom Aufstrich aufweist, haben wir es mit einem Menschen zu tun, der einen Hang hat, das Angefangene nicht zu Ende zu führen. Oft auch ein Zeichen von Schwermut und Absonderlichkeit, doch am häufigsten ein Zeichen des Zauderns.

**5.** Nach unten durchgeführter Querstrich. Kritisch und auf die eigenen Ideen versessen; besonders dann, wenn die i-Punkte dasselbe Merkmal aufweisen.

**6.** Entgegengesetzt (nur links), doch nach unten verlaufend. Dieser t-Strich ist eine Mischung unserer Beispiele 4 und 5. Hier haben wir eine kritische und zaudernde Haltung.

**7.** Keulenförmig. Der t-Strich fängt dünn an und endet keulenförmig. Tatkraft, Zähigkeit und Hartnäckigkeit. Wenn wir diese Form bei unserem Beispiel 5 finden, so bedeutet dies, dass die kritische Haltung besonders betont ist.

**8.** Anfangs dick, dann unsicher und spitz verlaufend. Dieser Querstrich betont das Zaudern im Wesen des Schreibers und bezieht sich mit dieser Deutung ebenfalls auf unser Beispiel 5.

**9.** Langer Querstrich. Dieser Schreiber möchte seine eigene Persönlichkeit unterstreichen und ist über seine Gedanken und Taten begeistert. Umso stärker der Druck, umso größer die Willenskraft. Ob er die Fähigkeit hat durchzuhalten, müssen wir von anderen Merkmalen der Handschrift entnehmen.

**10.** Langer Querstrich nach unten gezogen. Hier müssen wir wiederum die Merkmale der Beispiele 7 und 8 beachten. Verläuft der Querstrich jedoch ohne Änderung im Druck und ist weder keulen- noch dolchförmig, so ist der Wille und die Begeisterungsfähigkeit des Urhebers nach praktischen Dingen gerichtet und die Gesinnung äußerst materiell.

**11.** Kurzer, darüber gelegter, Querstrich deutet auf Selbstgefälligkeit und etwas Herrschsucht.

**12.** Stark darüber gelegter Querstrich deutet auf Phantasie und Begeisterungsfähigkeit, doch hat der Urheber eine Tendenz nach dem Unmöglichen zu greifen. Meistens sind derartige Querstriche von hohen i-Punkten begleitet. Kühnheit und Beharrlichkeit sind weitere positive Eigenschaften, während auf der negativen Seite eine gewisse Derbheit und Brutalität vorhanden sein könnte.

**13.** Langer Querstrich nach oben. Dieser Querstrich fängt tief unten an und endet hoch oben. Hier sind die Ziele praktischer, doch nicht betont praktisch. Der Schreiber sucht zugleich die ideelle sowie die materielle Befriedigung in seinem Ziel.

**14.** Schlingenförmiger Querstrich. Dieser Querstrich darf nicht mit dem kürzeren hakenähnlichen Querstrich verwechselt werden, denn dieser letztere würde auf Willenskraft deuten.

Der schlingenähnliche dagegen hat eine ganz andere Deutung. Dieser Schreiber hat etwas Romantisches und Humorvolles an sich, doch ist er darauf bedacht, andere „einzufangen". Man muss ihm gegenüber genauso vorsichtig sein, wie er selbst es ist.

Besondere Vorsicht ist geboten, wenn die Endzüge der Worte ebenfalls weit ausgeworfene Schlingen aufweisen.

**15.** Ein darüber hingeschwungener Querstrich deutet auf Lebhaftigkeit und Temperament, das sich aber auch in Ungeduld und Zornesausbrüche zeigen kann.

**16.** Dieses t benötigt keinen Querstrich, denn die untere Schleife greift zum nächsten Buchstaben über. Gute Auffassungsgabe und Gelehrsamkeit. Kommt dieses t allzu oft vor, so ist der Schreiber eine sensible aber willensschwache Person. Seine Willensschwäche wird oft absichtlich mit Zaudern verwechselt.

**17.** Querstriche, die von oder auf andere Buchstaben übergreifen, deuten auf schöpferische, begeisterungsfähige und moderne Menschen und sind fast immer ein Zeichen von Intelligenz (siehe unser Kapitel über Bindungen).

---

Viele Handschriften weisen eine Mischung von verschiedenen t-Strichen auf. Wir müssen diese sortieren und die am häufigsten vorkommenden dem Schreiber zumessen. Hierbei gelten dieselben Erklärungen, die wir bei den i-Punkten gegeben haben.
Ein weiteres Zeichen der Begeisterung in einer Handschrift sind auffallend viele Punkte, Beistriche und Unterstreichungen. Sind diese jedoch in der Zahl übertrieben, auffallend, so kann es sich hier um eine momentane Begeisterung handeln, die keine besondere Ausdauer hat. Derartige Handschriften zeigen eine Tendenz des Schreibers, sich für jegliche Kleinigkeit zu begeistern. Es kann nur folgen, dass die Ausdauer darunter leiden muss und demzufolge müssen wir nun Anzeichen des Zauderns suchen, die wir dann meistens finden werden. Bei Handschriften, die zugleich Begeisterungsfähigkeit und Zaudern aufweisen, müssen wir aufgrund anderer Merkmale und auch rein zahlenmäßig das Überwiegen der einen oder anderen Eigenschaft abwägen.

# XXIII. Merkmale von negativen Zügen: Leitbilder, Ausbesserungen und Durchstreichen

Einer der wichtigsten Aspekte der Handschrift-Analyse ist das Deuten gewisser negativer Eigenschaften, bzw. Tendenzen zur Unaufrichtigkeit, Lüge, Heuchelei usw., so wie sie aus der Handschrift ersichtlich sind. Dies soll nicht heißen, dass wir einen Menschen aufgrund seiner Handschrift zum Lügner oder Heuchler stempeln können. Wenn wir Merkmale von negativen Eigenschaften in einer Handschrift finden, so soll dies lediglich bedeuten, dass gegebene, bestimmte Umstände beim Urheber dieser Handschrift eine größere Neigung zur Unaufrichtigkeit aufweisen als bei Urhebern einer Handschrift, bei der derartige Merkmale fehlen.
Bevor wir uns mit Einzelheiten befassen, wollen wir auf der Suche von negativen Anzeichen gewisse Allgemeinheiten kurz notieren. Ein Betrüger z. B. ist dauernd bestrebt, sein Tun und Treiben zu verbergen. Sein äußeres Getue wird sich ständig von seinem inneren Denken unterscheiden, er wird sich selten so geben wie er ist. Der Zwang, den er sich fortwährend antun muss, wird ihm gewissermaßen zur zweiten Natur. Diese ängstliche Spannung drückt sich nicht nur in seinen Gesichtszügen, seinen Bewegungen und seiner Haltung aus, sondern auch unverkennbar in seiner Handschrift. Deswegen müssen wir, wenn wir Merkmale der Aufrichtigkeit suchen, die „Spannung" oder den Mangel an Spannung in einer Handschrift feststellen. Es folgt, dass eine langsam gezeichnete Buchstabenserie größere Spannung aufweist als eine schnelle Zusammengliederung.

Ich bitte

Unsicherheit

### I. Gleichmäßige und doch verkrampfte Handschrift

Diese Handschrift ist gleichmäßig, doch verkrampft, zusammengesetzt. Die Fortbewegung der Feder erfolgte nicht ungezwungen, sondern überlegend und zurückhaltend. Die Zurückhaltung ist nicht natürlich und obzwar der Schrifteigentümer durchaus gute Ansichten haben kann, will oder kann er sich nicht so geben, wie er ist.

habe ich den Eindruck,
nervös verkrampft erscheinen

**II. Einzelne Worte und Buchstaben gleichmäßig und unnatürlich**

Hier sind nicht nur die einzelnen Worte gleichmäßig und unnatürlich, sondern viele der einzelnen Buchstaben voneinander getrennt. Die Selbstbeherrschung und Zurückhaltung sind besonders betont. Die Arkaden deuten auf weitere „Abdeckung“ der natürlichen Triebe und der Schreiber ist angestrengt damit beschäftigt, sein wahres Ich der Umwelt zu verbergen. Dies muss nicht unbedingt ein Zeichen von schlechtem Gewissen sein, es kann sich hierbei auch um einen Menschen handeln, der einfach in sich zurückgezogen ist und sich aus Angst, gewissen Hemmungen oder Ähnlichem nicht der Umwelt preisgeben will.

---

Wie wir schon in vorherigen Kapiteln erwähnt haben, sind alle linksläufigen Merkmale einer Handschrift Kennzeichen der Zurückhaltung, der Unnatürlichkeit, des Egoismus und oft auch der Heuchelei und Falschheit. Allein die Richtung einer Handschrift soll uns nicht zu einem allzu raschen Urteil verführen.
Bevor wir eine Neigung zu irgendeiner Eigenschaft festlegen, sei diese positiv oder negativ in unseren Augen, sollten wir mindestens drei Merkmale, die die Neigung bestätigen, zur Hand haben.
Die einzigen Merkmale, die uns negativ erscheinen und zugleich nach rechts verlaufen, sind die schon besprochenen Fadenbindungen und gewissen Verschleifungen sowie schlingenähnliche Quer- und Endstriche.

Der erste Blick auf eine handgeschriebene Seite wird dem nunmehr erfahrenen Beobachter einen Eindruck über die „Männlichkeit“ oder „Weiblichkeit“ einer Handschrift vermitteln. Ein Mann, der „weiblich“ oder eine Frau, die „männlich“ schreibt können wir mit Lässigkeit und Haltlosigkeit beurteilen.

Wenn wir vorher die innere Spannung in Bezug auf Unnatürlichkeit erwähnt haben, so ist die allzu deutliche Spannungslosigkeit nicht günstiger zu beurteilen. Z. B. kennzeichnen der teigige Duktus, genauso wie die druckschwache Schrift Spannungslosigkeit, Willensschwäche, labile Charaktere.

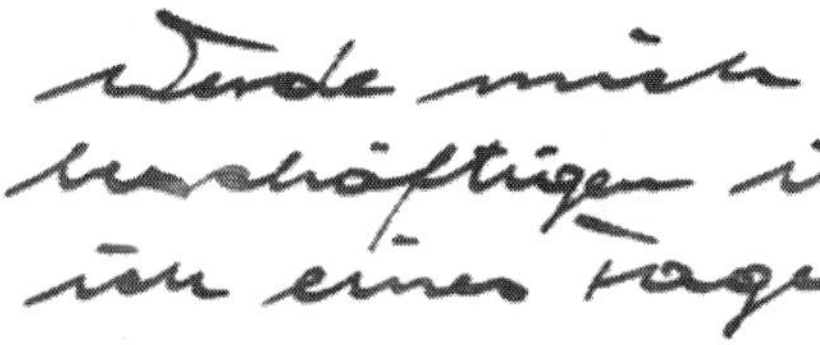

Die sogenannten Deckzüge, bei denen bestimmte Auf- oder Abstriche nochmals überzogen werden, kennzeichnen heimliche Absichten. Der Schreiber ist bemüht, die Wahrheit zu „decken“.

Manchmal finden sich im Text der Kurrentschrift Buchstaben der Lateinschrift oder umgekehrt. Diese Mischung wird in der Graphologie „Lautzeichenmischung“ genannt. Bei der Feststellung, ob wir es mit einer solchen zu tun haben, müssen wir sehr vorsichtig vorgehen. Diese Vermengung der Buchstaben muss natürlich unbewusst geschehen sein, denn es gibt zweifellos viele Gründe und Ursachen zu dieser Schriftgestaltung. Sie kann z. B. eine Folge vom Schulbesuch verschiedener nationaler Schulen sein, oder der Schreiber findet einen gewissen Buchstaben bequemer usw. Handelt es sich aber in einer Schrift nicht nur um bestimmte Buchstaben, die in der andersartigen Schreibweise immer wieder auftauchen, sondern ist die Lautzeichenmischung nicht regelmäßig und tritt sie willkürlich auf, so kennzeichnet das den dauernden, aber unbewusst sich auswirkenden Zwang zu täuschen: Unrichtiges an Stelle des Richtigen zu setzen.

Ist die Lautzeichenmischung nicht sehr ausgeprägt, sondern tritt nur schwach auf, so ist das ein Zeichen von Vielseitigkeit und Unbestimmtheit im Wesen.

Jeder Brief oder jedes Schriftstück, das wir betrachten, gibt uns unter anderem auch einen Eindruck der „Leichtigkeit, der Helle“ oder des „Trübseins, der Dunkelheit, der Schwere“.

Bei Helligkeit ist nicht die Farbe der Tinte gemeint. Bei Leichtigkeit und Helligkeit meinen wir vielmehr den Gesamteindruck bezüglich der weißen Papierfläche und der dunklen Linienführung.

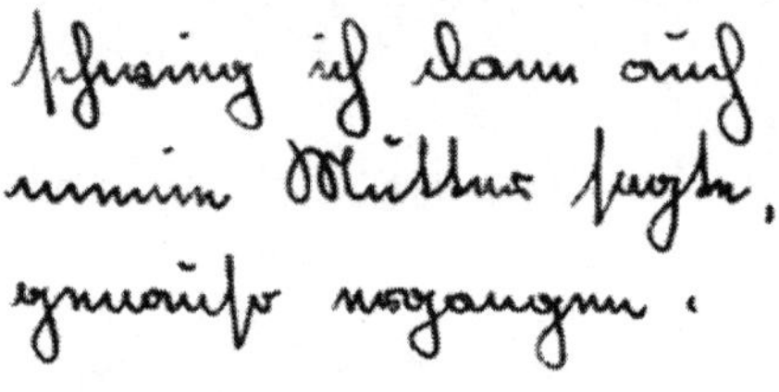

### I. Gleichmäßige Verteilung von hellen und dunklen Schattierungen

Gleichmäßige Verteilung der hellen und dunklen (Schattierungen) Räume. Diese gleichmäßige Verteilung deutet auf einen Sinn für Ordnung; ist die Schrift individuell und schön gestaltet, dann auch auf einen Sinn für das Schöne.

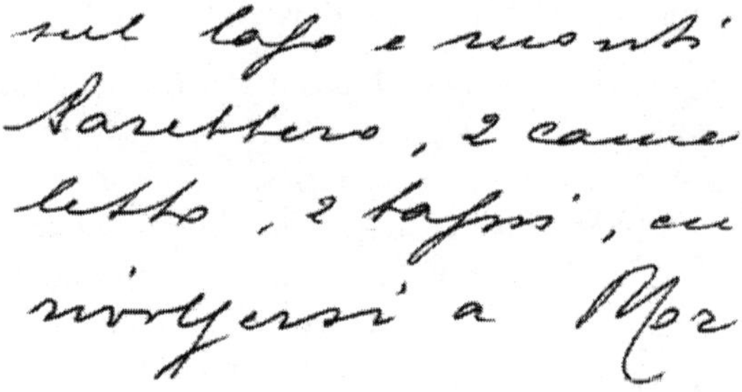

### II. Übertriebene Leichtigkeit und Helligkeit

Diese übertriebene Helle hingegen deutet auf Nachlässigkeit, auf Erregbarkeit und im Zusammenhang mit Fadenbindungen auf übertriebene Gemütserregungen, wie Hysterie.

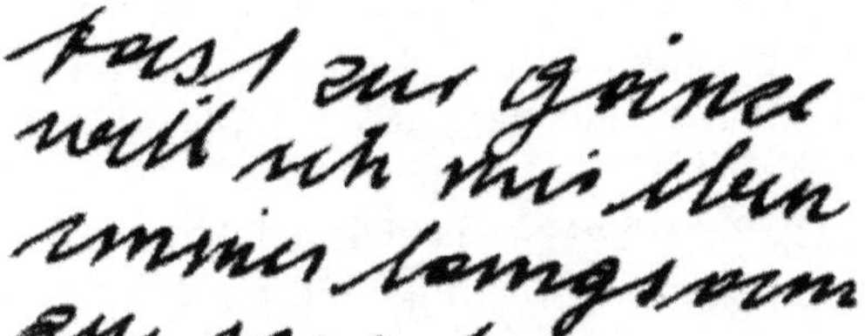

### III. Trübe, dumpfer Eindruck

Diese trübsinnige, dumpfe, dunkle Schrift entspringt dem Unterbewusstsein des Schreibers, der diese Züge in seinem Wesen verbirgt.

Die Falschheit und Heuchelei kennzeichnen sich durch die statt nach oben, nach unten geöffneten Os einer Schrift. Es ist dies ein untrügliches und warnendes Merkmal. Auch ein über dem U völlig geschlossener Umlaut lässt nichts Gutes vermuten. Dieses Merkmal ist noch gefährlicher, wenn das O unten nicht offen gelassen wird, sondern mit einem Knoten oder einer Schleife geschlossen wird.

**I. Unten offenes O**

**II. Unten geschlossenes O**

Im Allgemeinen fällt die Schrift von Verbrechern durch ihre ungewöhnliche Dicke (wie bei derjenigen der Zornigen und Grausamen) auf, während Gauner, Betrüger und Diebe oft eine geläufige und dünne Schrift zeigen. Bei allen wiederholen sich meist sehr häufig die Haken, sowie die Heftigkeit und Leidenschaft hindeutenden Schnörkel. Die Handschrift der Diebe und unehrlichen Menschen hingegen entbehrt die Dicke, ähnelt aber oft dem „weiblichen“ Typ. Sie ist nicht selten zittrig und reich an Haken und Biegungen nach links, bzw. nach rückwärts.

---

Abgesehen von einigen der beschriebenen Merkmale, kommen manche dieser Merkmale in vielen Handschriften vor und es wäre falsch, sofort auf einen unehrlichen Menschen oder gar einen Verbrecher zu schließen. Sind aber mehrere der Anzeichen vorhanden, kann die Schrift diesbezüglich nicht als einwandfrei gelten. Sollten wir z. B. eine Schrift vor uns haben, die auf Triebhaftigkeit, Leidenschaftlichkeit und Verschlagenheit deutet, ist offenkundige Haltlosigkeit ersichtlich und finden sich zwei bis drei der angeführten negativen Merkmale, dann ist die Neigung zu unehrlicher, ja verbrecherischer Tat, sehr groß.
Ein weiteres Zeichen, das uns in dem Schreiber eine Neigung zur Lüge, bzw. zum Betrug andeutet, ist der Deckzug. Dieser nimmt plötzlich eine andere, oft entgegengesetzte, Richtung ein. Dies geschieht dadurch, dass die Feder bei der Vollführung eines Buchstabens zweimal die gleiche Strecke zurücklegt und dann plötzlich eine unerwartete Biegung vornimmt, womöglich in entgegengesetzter Richtung.

Diese Art der Federführung ergibt unter anderem einen ausgeprägten Wechsel in der Druckgestaltung, die fast immer ein Zeichen der Unzuverlässigkeit darstellt.

Nicht viele Menschen sind unzuverlässig, Lügner, Heuchler oder gar Verbrecher, aber fast jeder hat so seine Schwächen: seien diese von größerer oder kleinerer Bedeutung, bewusst oder unbewusst, bösartig oder nur etwas lächerlich.
Wir können hier nicht von Eigenschaften sprechen, sondern eher von gewissen Zügen und Eigenarten der Gesamtpersönlichkeit. Wenn wir bisher immer nur von Eigenschaften gesprochen haben, so geschah dies um uns die Arbeit zu erleichtern und dem Lernenden entgegenzukommen. Wir wollten nicht den Leser durch allzu viele (im Großen und Ganzen gesehen überflüssige) Erklärungen das Studium der Graphologie verleiden. Wenn dies durch die vielzähligen Eigenschaften der letzten Kapitel trotzdem geschehen ist, so bitten wir Folgendes zu bedenken: Nach dem vorhergegangenen Studium muten wir unseren Lesern ein gewisses Einfühlungsvermögen zu und legten eigentlich nur das nieder, was sie in der Zwischenzeit schon instinktiv erfasst haben sollten.

Auch sollen diese letzten Kapitel nicht den Kern der Sache darstellen. Es würde uns sehr enttäuschen, wenn Sie, sehr geehrter Leser, nach allen unseren vorhergegangenen Warnungen nun eine Handschrift aufgrund dieser einzelnen Merkmale deuten wollten. Diese Merkmale sind zwar sehr amüsant und aufschlussreich, verleiten aber durch „das Einfache daran" zu einer gewissen Zeichendeuterei, die der allzu menschlichen Faulheit entgegen kommt. Alles aber, was uns Gutes und Wertvolles bringen soll, muss leider einer gewissen Anstrengung entspringen. Das ist nun mal so im Leben und von dieser traurigen Wahrheit ist auch die Handschrift-Analyse nicht ausgeschlossen.
Wir wollen damit sagen, dass die vorhergegangenen Deutungen der einzelnen Buchstaben und Merkmale und das Folgende erst durchgenommen werden sollten, nachdem eine eingehende Gesamtanalyse verfasst wurde, um die bis hierher festgestellten Eigenschaften und Charakterzüge zu stärken, zu schwächen oder zu bestätigen.

Die folgenden Beispiele befassen sich zum Teil mit der Leitbildlehre von Ludwig Klages, der sozusagen der Vater der modernen Graphologie genannt wird.
Unter einem Leitbild sollen wir das verstehen, was ein Mensch gerne sein *möchte*, wie er den anderen erscheinen *will* und wie er sich selbst *erscheint*.

Was er tatsächlich *ist*, wollen wir eben durch die Handschrift-Analyse zu deuten wissen.

Manche Leitbilder sind bewusst und andere unbewusst. Ein Mensch, der von sich weiß, dass er faul ist, aber um eine gewisse Stellung zu erlangen, den Eindruck von Fleiß erwecken will, handelt bewusst nach einem ihm bekannten fleißigen Leitbild.

Eine leidenschaftliche Frau, die durch Bescheidenheit des Auftretens und Eintönigkeit der Kleidung ihren Wunsch nach Sittsamkeit ausdrückt, handelt nur teilweise bewusst. Sie selbst folgt dem Leitbild der Sittsamkeit, weil sie unbewusst von der Gefahr ihrer leidenschaftlichen Natur Abstand nehmen will.
Der Mann aber, der, ohne es zu wollen, ja ohne es geradezu selbst zu merken, plötzlich den Gang oder einige Gesten seines Chefs angenommen hat, kam unbewusst seinem Leitbild entgegen.
Diesen Zug finden wir oft, ja fast immer, bei verliebten Frauen, die plötzlich gewisse Redewendungen und Ausdrücke des geliebten Mannes annehmen. Ja, es empfiehlt zur Vorsicht, wenn die von uns geliebte Frau plötzlich unbekannte oder bekannte Redewendungen eines anderen Mannes benutzt. Diese bewussten und unbewussten Leitbilder sind am häufigsten unter der jüngeren Generation zu finden, die sich sofort einem neuen Film-Idol anpasst und dessen Gang, Haarschnitt, Kleidung, Sprechart nachahmt. Diese Verfolgung des Leitbildes geht oft so weit, dass sich junge Mädchen oder junge Männer nur solchen Partner des anderen Geschlechts nähern werden, die möglichst identisch mit dem Partner ihres Film-Idols sind. Das Letztere geschieht mitunter ganz unbewusst.
Nun haben wir zur Genüge über die Bedeutung der Leitbilder gesprochen und wollen jetzt einige Merkmale betrachten, die uns über die Leitbilder der jeweiligen Schreiber etwas Aufklärung geben:

### I. Striche die nach oben verlaufen

Alle Striche, die nach oben verlaufen (wenn derlei viele in einer Handschrift vorhanden sind) deuten auf den Wunsch des Verfassers „nach oben zu streben“, bzw. nach oben zu kommen. Erreicht man dann eine gewisse Höhe, die ja immer je nach Persönlichkeit einzuschätzen ist, dann sind wir bei unserem nächsten Beispiel:

## II. Der Überstrich

Der Überstrich. Hier spiegelt sich der Wunsch, Befehle zu geben, Herrscher zu sein, den „Weg zu zeigen“ (starker Druck).

## III. Sich größer darstellen als man ist

Haben wir aber etwas noch nicht erreicht, wollen wir uns größer machen als wir sind, dann äußert sich dies meistens in den Anfangsbuchstaben, und zwar auf diese Weise: Der erste Anstrich ist höher als der zweite und dieser eventuell höher als der dritte.

## IV. Ist der zweite Anstrich höher...

Ist aber der zweite Anstrich höher als der erste und ragt gleich einer Antenne in die Luft, so ist es meine rein persönliche Auffassung, dass der Schreiber seinen Fühler ausstreckt, um sich erst einmal „herumzutasten“. Die Meinung vieler Graphologen, darunter namhafter, ist, dies sei eher ein Zeichen des Ehrgeizes und, davon ableitend, des Neides.

## V. Ein starker Druck am Anfang

Ein starker Druck am Anfang deutet auf den Wunsch: fleißig und tatkräftig zu erscheinen – es auch zu sein; doch müssen auch Merkmale der Ausdauer vorhanden sein, wenn wir dieser Willenskundgebung glauben sollen.

## VI. Der Anfangspunkt

Der Anfangspunkt wird mitunter auch „Besitzpunkt" genannt und soll darauf hinausgehen, dass der Schreiber sich nur schwer von seinem Besitztum trennen kann. Meine eigenen Erfahrungen haben mir oft bewiesen, dass dieser Punkt nicht nur Besitztum, sondern vielmehr das eigene Ich des Schreibers unbewusst darstellt. Er hat am Anfang oder am Ende eines Wortes eine grundverschiedene Bedeutung.

Am Anfang löst sich das nun Folgende vom eigenen Ich des Schreibers, und dieser hat trotz allem auch eine gewisse Fähigkeit, von sich zu geben.

Ist der Punkt am Ende eines Wortes, so will der Schreiber alles in *sich* leiten und wird auch von dem Wenigen, was er gibt, Rückvergütung erwarten.

Diese Theorie, erscheint mir richtiger. Es soll aber Ihnen überlassen sein, hiermit Erfahrungen zu sammeln und ein Urteil darüber zu fällen.

## VII. Der weit ausgedehnte Anfangsbuchstabe

Der weit ausgedehnte Anfangsbuchstabe bei sonst normaler Breite der restlichen Schrift verrät den Wunsch „aufzutreten“, sich bemerkbar zu machen. Man ist da und will, dass es die anderen auch wissen.

## VIII. Der untere Teil des großen L

Der untere Teil des großen L fällt herab. Hier wiederum teile ich Ihnen die Meinung der meisten Graphologen und meine eigene mit, die sich von diesen stark unterscheidet. Dieses Herabsinken soll ein sich „Herablassen“ bedeuten, Ursprung ist die Unsicherheit des Urhebers, der diese Unsicherheit durch betontes, selbstsicheres Auftreten verbergen will. Ich selbst empfinde es eher als ein betontes Zeichen der Traurigkeit, der Depression, die man nicht äußerlich zeigen möchte, daher der hohe Ansatz. Fallen weitere einzelne Buchstaben der Handschrift ebenfalls etwas ab, so vermehrt sich die Depression in dem gleichen Maße, indem man mehr dazu geneigt ist, diese nicht unbedingt zu verheimlichen.

## IX. Druckbuchstaben am Anfang

Druckbuchstaben am Anfang deuten auf den Wunsch des Schreibers „gebildet“ zu wirken und modern zu erscheinen. Wenn die Handschrift individuelle Bindungen, Vereinfachungen aufweist, dürfen wir ruhig annehmen, dass der Schreiber tatsächlich gebildet und intelligent ist.

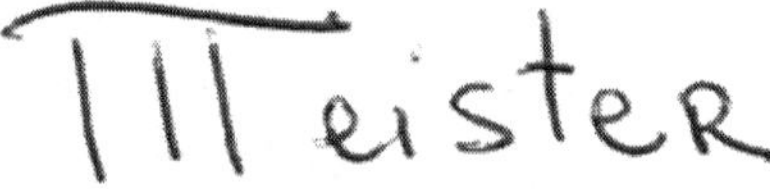


## X. Der „super-moderne“ Anfangsbuchstabe

Der „super-moderne“ Anfangsbuchstabe deutet, wie wir schon sagten, auf äußerst modernes Denken. Die Struktur selbst auf Humor und Phantasie. Vielleicht haben wir es mit einem Architekten, Graphiker, Künstler zu tun. Auf jeden Fall wird uns der Schreiber derartiger Buchstaben etwas zu erzählen haben, was wir noch nicht wussten.

### XI. Das „Pfennigzeichen“

Dieses „h“, bzw. „ch“, in dieser Form, nennt man das „Pfennigzeichen“. Es deutet oft auf Menschen, die zwar sparen wollen, doch dies am unrichtigen Ort tun, sich damit mehr schaden als nützen.

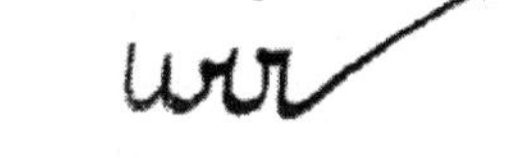


### XII. Der lange Endstrich

Der lange Endstrich soll auf den Wunsch zu schnellem Kontakt deuten. Man streckt sozusagen die Hand aus.

### XIII. Das Ausstrecken der Hand

Hier wird auch die Hand ausgestreckt, doch mit einem Haken am Ende. Der Kontakt soll „zu etwas führen“.

Wann, Sehr, Auch

### XIV. Schleifen und Verschönerungen

Schleifen, Verschönerungen, man ist sensibel, hat gute Manieren und erwartet dies auch bei anderen. Das Leitbild ist die „gute alte Zeit“.

H

### XV. Der zweite Anstrich, ragt über den ersten hinaus

Hier haben wir nun den zweiten Anstrich, der über den ersten noch hinausragt, doch ähnelt dieser nicht einer Antenne. Eine Schleife oder ein Haken geben dem Schreiber eine andere Wahrnehmung, er will nicht nur „fühlen", er will überragen und macht kein Geheimnis daraus.

## Durchstreichungen

Bevor wir dieses Kapitel abschließen, empfinde ich es als notwendig einige weitere Beispiele über das Durchstreichen oder Ausbessern eines Buchstabens oder Wortes aufzuführen.
Das Durchstreichen ist seit Langem ein Teil der graphologischen Analyse, hauptsächlich in Bezug auf Handschriften von Kindern. Die Art des Durchstreichens kann viel mehr sagen, als die Handschrift selbst, die ja bei einem Kind noch nicht zu einer eigenen persönlichen Note voll entwickelt ist.
In Bezug auf das Durchstreichen muss ich mich auf vorhergegangene Studien und Erklärungen beziehen, denn tatsächlich sind diese kaum zu übertreffen:

**Bild 1**  **Bild 2**

Beispiel 1 und 2 zeigen uns zwei verschiedene Arten des Durchstreichens. Es liegt auf der Hand, dass der Urheber von Beispiel 1 sensibler, „delikater" ist, größeren Schönheits- und Ordnungssinn hat als der Durchstreicher von Beispiel 2. Dieser aber ist tatkräftiger, entschlossener, aber auch gewaltsamer usw. als der schwächere Durchstreicher des Beispiels 1.

**Bild 3** 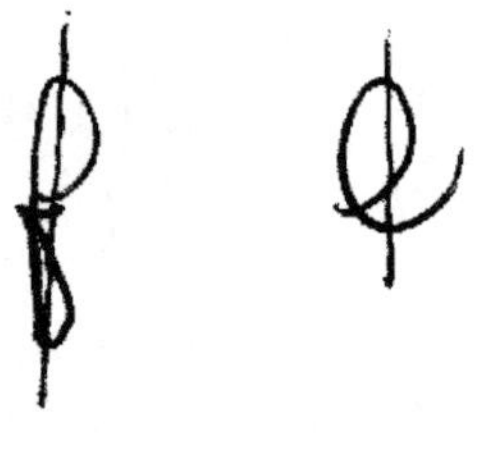 **Bild 4**

Ein ähnliches Beispiel zeigt uns der Durchstreicher von Beispiel 3, er köpft und schafft den Fehler aus der Welt, ohne besondere Rücksicht auf den hinterlassenen Eindruck. Der Durchstreicher des Beispiels 4 ist „freundlicher" in der Ausführung des Durchstreichens. Sein Schönheitssinn und seine freundlichere Natur wollen dem notwendigen Übel mehr entgegenkommen.

## Ausbesserungen

Nicht alle streichen einen schlecht geratenen Buchstaben aus. Man möchte den Sterbenden nicht töten, sondern versucht ihn zu retten; man verlässt das sinkende Schiff nicht, um in ein anderes zu steigen; man wird es ausbessern. Der Unterschied hierin aber liegt in der verborgenen oder offenen Tat. Will man den Anderen etwas vormachen? Oder verbessert man den Schaden, um dem größeren Übel, der Durchstreichung, zu entgehen? Betrachten wir folgende Arten aus einem „o" ein „e" zu gestalten:

**Zu 1:** (links) Das hat sich der Schreiber raffiniert ausgedacht. Er will seine Ausbesserung verheimlichen. Seine Phantasie und Raffiniertheit können im negativen Falle dazu verleiten, den Nächsten zu täuschen und sich durch diese Art des Betruges als gewitzten Geschäftsmann aufzuwerten.

**Zu 2:** (2. von links) Der untere Ansatz macht aus dem „o" zwar ein „e", doch wird man durch den Größenunterschied der Buchstaben, die Ausbesserung sofort merken. Dieser Schreiber ist plump, eine einfache Seele, aber ehrlicher als der Vorhergegangene.

**Zu 3:** (3. von links) Hier haben wir die gleiche Deutung wie bei Beispiel 2, doch deutet diese Ausbesserung nach oben auf mehr Geselligkeit und Frohsinn als beim Schreiber des Beispiels 2.

**Zu 4:** (rechte Abbildung) Durchstrich und oben gesetztes e. Dieser Schreiber ist gewiss ehrlich und offen und will uns absolut nichts vormachen. Andere Merkmale der Schrift müssen dies bestätigen.

Es gibt derart viele ähnliche Leitbilder und Zeichen, dass es unmöglich wäre, im Rahmen dieses Buches alle aufzuführen. Es sollte der Zweck dieses Kapitels sein, den Leser, bzw. den Lernenden, anzuregen, von sich aus weitere Leitbilder, Merkmale der Persönlichkeit usw., in Handschriften zu suchen und allmählich auszuwerten. Ich kann dem Lernenden immer nur raten, das Beobachten zu lernen. Beobachten und nochmals beobachten. Allein durch die ausdauernde Beobachtung aller Details, durch die eingehende Betrachtung einer Handschrift wird ganz allmählich die Persönlichkeit des Schreibers aufgedeckt. Aufgrund der erworbenen Kenntnisse – der eingehenden Beobachtung und Kombination der Deutungen nach den Merkmalen der Handschrift – erhält der Lernende ein Gesamtbild der Persönlichkeit des Schreibers, das nur wenige Geheimnisse verhüllt.

# XXIV. Der persönliche Ausdruck: Die Unterschrift

Sehr oft lassen Unterschriften Schlüsse auf das Auftreten, bzw. die äußere Art „sich zu geben“, des Schreibers zu. Ihre Beurteilung erfolgt nach den sonstigen Begründungen der Graphologie. Die natürliche, der sonstigen Schrift entsprechenden, Unterschrift besagt natürliches Auftreten. Legt der Schreiber wenig Wert auf den Eindruck, den er bei seiner Umwelt hervorruft, wird er seine Unterschrift kaum anders als seine Schrift gestalten. Ist die Unterschrift jedoch betont anders gestaltet als die übrige Schrift, so haben wir es ganz eindeutig mit jemandem zu tun, der sich äußerlich anders geben will als er innerlich ist.

Beispiele davon haben wir schon aufgeführt. Es sei jedoch wiederholt, dass die Eigenschaften, die in der Unterschrift, aber nicht in der übrigen Schrift, vertreten sind, vom Schreiber dargestellt werden wollen.

So z. B. sollen druckstarke Unterschriften einen Eindruck der Energie und Tatkraft vermitteln. Großgeschriebene Unterschriften sollen die Großzügigkeit, den Ehrgeiz, das „Große“ an dem Schreiber darstellen usw.

Links- und rechtsläufige Schleifen, Spiralen und Bogen können auf Geltungsbedürfnis, Repräsentationssinn, im ungünstigen Sinn auf unbegründete Wichtigtuerei, Eitelkeit, Größenwahn usw. deuten.

Außer den Unterstreichungen, die wir etwas mehr im Einzelnen behandeln werden, gibt es auch Überstreichungen, die zwar seltener vorkommen, aber deswegen schwerer verständlich sind.

Die Überstreichung, die wir bei einer Unterschrift als Stolz auf die eigenen geistigen Fähigkeiten bewerten können, kommt auch sonst öfters in der Schrift vor. Wir finden derartige Überstreichungen in einer Verlängerung des T-Striches. Wir haben diesen Strich mit Herrscherlust u. ä. bewertet, doch wird dieser verlängerte Querstrich oder Überstrich, auch „Protektionsstrich“ genannt. Der Gedanke, der dazu leitete, war der „beschützende“ Eindruck, den dieser Überstrich vermittelt:

Volker

**Bild 1**

Lars

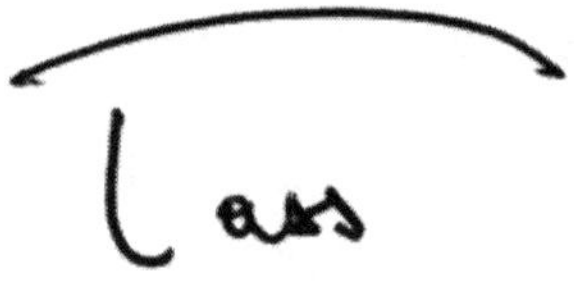

**Bild 2**

Allein die anderen Merkmale der Schrift können uns über die endgültige Bedeutung dieses Überstriches Auskunft geben.
Sind noch andere Merkmale von Tatkraft und Energie vorhanden, so dürfen wir keineswegs annehmen, es handelt sich hier um einen Protektionsstrich, wobei der Schreiber gerne bemuttert werden möchte. Allein eine schwache Schrift würde das bemutternde Bestreben des Schreibers betonen.
Derartige Striche finden wir nicht nur beim großen und kleinen „T“, sondern auch bei dem großen F, W, V, am häufigsten.

Unterstreichungen sind oft angebracht zum Zwecke des Hervorhebens. Diese praktische Deutung überträgt sich symbolisch auf die Veranlagung.

**Bild 2** **Bild 1**

**1.** Diese Unterschrift ist mit einem verhältnismäßig kurzen Strich, mit normalem Druck, unterstrichen. Diese Unterstreichung ist nicht besonders aggressiv gestaltet, zeigt jedoch eine Betonung des eigenen Ichs, die sich aber auch auf Familienstolz beziehen kann.

**2.** Diese Unterstreichung ist länger und deutet oft auf eine gewisse Aggressivität in materiellen Dingen. Ist der Druck betont schwach, können die Interessen jedoch auch ideeller Natur sein. Ist der Druck betont stark, so ist der Schreiber aggressiv und materiell eingestellt.

**Bild 3**

**3.** Diese zwei vertikalen Striche, die die Unterstreichung durchkreuzen, manchmal in Form eines Punktes oder Beistriches, deuten auf einen guten Geschäftssinn. Schreiber dieser eigenartigen Unterstreichung sind praktisch

veranlagt. Auch Frauen können diese Eigenart aufweisen. Meistens aber finden wir sie bei Männern in der Geschäftswelt.
Finden wir diese Striche bei jemandem, den wir als Künstler oder Hausfrau kennen, so hat dies nichts Weiteres zu besagen, als dass auch diese Menschen praktisch veranlagt sind und keine unnützen Spesen machen werden. Das soll nicht auf Geiz deuten, diese Menschen können sehr großzügig sein. Ihre Geschenke aber werden eher einen praktischen als einen romantischen Sinn haben.

**Bild 4**

**4.** Eine etwas geschwungene Unterstreichung deutet auf eine mehr romantische Natur. Der Verfasser hört gerne Komplimente und lässt sich auch gerne etwas schmeicheln. Viele Künstler weisen diese Art der Unterstreichung auf. Sie sind bereit von sich zu geben, doch wollen sie auch ihren „Lohn“ hierfür erhalten. Wenn wir diese Unterstreichung in einer modernen Schrift finden, deutet dies darauf hin, dass der Schreiber sich ein wenig nach der Romantik der „guten alten Zeit“ sehnt.

**Bild 5**

**5.** Haken, nicht Schleifen, begleiten diese Unterstreichung. Umso eckiger die Unterstreichungen einer Handschrift sind, umso mehr deuten sie auf den Ehrgeiz, auf den Willen und auf die aggressive Haltung des Urhebers. Dieser Schreiber hat sich in seinen Ideen festgehakt und wird sich nicht leicht davon abbringen lassen.

**Bild 6**

**6.** Diese Unterstreichung ist eine Verlängerung des letzten Buchstabens und deutet auf eine Zusammensetzung der Eigenschaften wie sie in unseren Beispielen 2, 4 und 5 erläutert wurden, je nach den betontesten Merkmalen.

**Bild 7**

**7.** Derartige Unterstreichungen deuten auf gewisse individuelle Veranlagungen des Schreibers und wir müssen aus der restlichen Schrift heraussehen, ob es sich hier lediglich um Eitelkeit oder schöpferische Qualitäten handelt.

Manchmal finden wir einen Punkt nach der Unterschrift. Dieses kann ein Zeichen von Willenskraft, aber auch von Vorsicht sein. Wenn sehr stark, teigig, bedeutet er Genusssucht. Es ist am besten, die Deutung aus der übrigen Schrift herauszulesen. Beistriche nach der Unterschrift, die starken Druck aufweisen, deuten auf Widerspenstigkeit. Solche mit leichtem Druck auf Humor, Geselligkeit und Begeisterungsfähigkeit.
Heutzutage ist es nicht mehr modern, Unterstreichungen auszuführen; so finden wir viele Menschen, die, ohne Unterstreichungen aufzuweisen, trotzdem die genannten Eigenschaften haben.
Auch sollten wir immer nur Unterschriften am Ende eines langen Briefes und nicht etwa auf einer Karte oder am Ende eines mit der Schreibmaschine abgefassten Briefes deuten wollen, da diese Unterschriften „gestellt" sein können. Viele Menschen (z. B. Künstler) haben eine geschäftliche und eine persönliche (oder eine besonders für die Bank abgefasste) Unterschrift.
Viele Kinder unterstreichen ihre Unterschrift. Oft ist dies aber nur eine Nachahmung und kein Zeichen der Tatkraft oder Willensstärke.
Bei Unterschriften sollen wir also vorerst nachprüfen, ob der Druck, die Größe, die Zeilenrichtung usw., der übrigen Schrift ähnlich sind. Ist die Unterschrift grundverschieden, werden wir nur die übrige Schrift deuten, um das innere Wesen kennen zu lernen und die Unterschrift, um über das äußere Auftreten etwas zu erfahren.

# XXV. Ausführung einer Analyse

Nicht jeder Graphologe beginnt eine Analyse auf die gleiche Weise. Manche fangen mit den Details, andere mit Leitbildern, wiederum andere mit dem Gesamteindruck an. Aufgrund der vorhergegangenen Kapitel werde ich Ihnen eine stufenweise aufgebaute Methode vorlegen, die genauso gut wie jede andere und dem Anfänger besonders zu empfehlen ist.

Bevor wir aber damit anfangen, möchte ich Ihnen nochmals einprägen, dass die Schreibbewegung eine körperliche Funktion darstellt. Was uns aber an der Schrift interessiert, ist ihr seelischer Gehalt, ihre besondere persönliche Note, der innere Ausdruck des Schreibers.
Ehe wir uns dann in eine Richtung entscheiden, werden wir sorgfältig abwägen, wo das Schwergewicht dieser Persönlichkeit liegt. Der Lernende wird gezwungen sein, selbst zu denken und zu kombinieren, sein Auge zu schulen. Man kann nicht ein starres System aufbauen, man muss sich von Fall zu Fall entscheiden. Es gibt keine detaillierten Typenmenschen. Es gibt Menschen, die zugleich heiter und traurig sind, freundlich, aber jähzornig sein können. Wir alle haben gute und schlechte Züge in uns.

## Die Vorbereitung

Sie haben ein Vergrößerungsglas in der Hand und betrachten (bei einem mehrseitigen Brief) am besten die letzte Seite, denn diese wird immer ungezwungener ausgeführt worden sein als die erste. Es wäre immer besser, wenn Sie das Alter und Geschlecht des Schreibers wüssten, aus Gründen, die ich schon erläutert habe. Nachdem Sie sich soweit wie möglich vergewissert haben, dass weder das Papier noch die „Feder" (oder der Stift) fehlerhaft oder eine normale Schreibbewegung hinderten, beginnen Sie mit der Analyse. Sie notieren sich die betonten Eigenschaften etwa auf folgende Weise (Sie brauchen natürlich nicht alle Möglichkeiten, sondern immer nur das vorhandene Merkmal zu notieren):

### *Niveau* (Eigenartsgrad) – Kapitel VI und VII

Die Schrift ist lebendig ______

Die Schrift hat Rhythmus ______

Die Schrift ist starr ______

Die Schrift ist disharmonisch ______

Die Schrift ist harmonisch ______

Die Schrift ist gleichmäßig ______

Die Schrift ist gestört ______

Die Schrift ist nervös ______

### *Zeilenbewegung* – Kapitel VIII

Die Schrift ist gebunden ______

Die Schrift ist ungebunden ______

Die Schrift ist stark getrennt ______

Die Schrift ist gemischt gebunden und getrennt ______

### *Randbildungen* – Kapitel IX

Breiter Rand links ______

Breiter Rand rechts ______

Breiter Rand nur links ______

Breiter Rand nur rechts ______

Enger Rand links ______

Enger Rand rechts ______

Enger Rand nur links ______

Enger Rand nur rechts

Großer Rand oben

Großer Rand unten

Enger Rand oben

Enger Rand unten

Unregelmäßige Randbildungen

### *Wort- und Zeilenabstände* – Kapitel X, II. Teil

Kleine Schrift, regelmäßig

Große Schrift, regelmäßig

Kleine Schrift mit großen Anfangsbuchstaben

Mittlere Schrift, regelmäßig

Verhältnismäßig kleine Anfangsbuchstaben

Große Abstände

Kleine Abstände

Normale Abstände

### *Zeilenrichtung* – Kapitel XI

Steigende Richtung

Fallende Richtung

Waagerecht

Wellenförmig

Einzelne Wörter steigen

Einzelne Wörter fallen

### *Lage der Schrift* – Kapitel XII

Schwach rechtsgeneigte Schrift

Stark nach rechts geneigte Schrift

Schwach nach links geneigte Schrift

Stark nach links geneigte Schrift

Steilaufgestellte (gerade) Schrift

Ungleichmäßige (abwechselnde) Schriftlage

## *Runde oder eckige Schrift* – Kapitel XIII

Rund ___

Eckig ___

Runde Schrift mit einigen eckigen Buchstaben ___

Runde Schrift mit großen Buchstaben ___

Runde Schrift mit kleinen Buchstaben ___

Eckige Schrift mit kleinen Buchstaben ___

Eckige Schrift mit großen Buchstaben ___

Eckige Schrift mit einigen runden Buchstaben ___

## *Größe der Schrift* – Kapitel XIV

Große Schrift ___

Kleine Schrift ___

Mittlere Größe ___

**Verhältnis der Groß- zu den Kleinbuchstaben:**

Sehr groß ___

Sehr klein ___

Normal ___

Zusammengedrängt ___

Auseinander gezogen ___

Gut verbunden ___

Individuell ___

Keine besonderen Kennzeichen ___

Schwungvoll ___

Starr ___

Wechselvoll in der Größe ___

Wechselvoll in der Breite ___

Wechselvoll in der Gestaltung ___

## *Druckgebung* – Kapitel XV

Starker Druck ___

Schwacher Druck ___

Mittlerer Druck ___

Unregelmäßiger Druck ___

Teigige Schrift ___

**Verhältnis der Druckgebung zwischen Schrift und Unterschrift:**

Stärker

Schwächer

Gleichmäßig

***Bindung* – Kapitel XVI**

Winkelbindung

Girlande

Arkade

Doppelbogen

Fadenduktus

Ungleichmäßig

***Endstriche:***

Nach rechts

Nach links

Fadenmäßig

***Bereicherungen oder Vereinfachungen* – Kapitel XVII**

Gute Bereicherung

Gute Vereinfachung

Unnütze Bereicherung

Vereinfachte, aber nachlässige Schrift

Endungen mit kurzen Haken – langen Haken

Endungen mit Knoten

***Ober- und Unterlängen* – Kapitel XVIII**

Betonte Oberlängen

Betonte Unterlängen

Kurze Oberlängen

Kurze Unterlängen

Ober- und Unterlängen in gutem Verhältnis zur Schrift

Man beachte einige Merkmale der Ober- und Unterlängen und notiere sie auf.

### *Diskretion* – Kapitel XIX

Worte fangen größer an als sie enden

Worte fangen kleiner an als sie enden

Fadenendungen

Buchstaben sind oben offen

Buchstaben sind oben geschlossen

Große oder kleine Schrift

Sind Buchstaben verknotet

Starker oder schwacher Druck

### *Modern?* – Kapitel XX

Moderne Buchstaben, Druckbuchstaben

Aufstrich

Endstrich

Ohne Auf- oder Endstrich

### *Phantasie – Humor* – Kapitel XXI

Wie beeindruckt die Schrift?

Ist sie beweglich?

Ist sie starr?

Ist sie lebendig?

Ist sie individuell?

I-Punkte:

Genau

Leichter Druck

Starker Druck

Halbmond, geschwungene Linie, Halbkreis nach rechts

Hochgesetzt

Niedrig gesetzt

Beistrichähnlich

„Zelt"-förmig

Kreisförmig

Schlinge nach links

Einzelne i-Punkte fehlen

Viele i-Punkte fehlen

Andere Merkmale

## *T-Striche* – Kapitel XXII

Ohne Querstrich

Art des Querstriches

## *Negative Zeichen* – Kapitel XXIII

Das unten offene O und A usw.

Verkrampfte Schrift (aufzeichnen)

Helle Schrift

Trübe Schrift

Gleichmäßig hell-dunkel

Fadenduktus

**Vergleiche mit einigen Leitbildern**

Durchstreichungen

Ausbesserungen

usw.

## *Die Unterschrift* – Kapitel XXIV

Größer als die Schrift

Kleiner als die Schrift

Gutes Verhältnis

Mehr Schleifen, Knoten

Haken

Unterstreichungen

Fadenendung

Bei rechtsneigender Schrift, Unterschrift nach links geneigt

Bei linksneigender Schrift, Unterschrift nach rechts geneigt

Steil

Wie unterscheidet sich die Unterschrift von der übrigen Schrift?

Keine Unterschiede

Punkt nach Unterschrift

Art der Unterstreichung

Druckgebung

usw.

# Zusammenfassung

Am Schluss dieses Studiums möchte ich darauf hinweisen, dass die aufgeführten Beispiele von verschiedenen Handschriften immer nur in Bezug auf die in Frage kommende Erklärung ausgesucht wurden. So z. B. zeigte ich eine große, runde oder eckige Schrift mit diesbezüglichen Erklärungen auf eine große, runde oder eckige Handschrift, wobei ich aber die weiteren Merkmale dieser Muster-Handschriften nicht immer in Betracht ziehen konnte. Obwohl ich Tausende von Handschriften zu meiner Verfügung habe, wäre es doch unmöglich, genau die für verschiedene Erklärungen bezeichnenden Handschriften herauszusuchen, selbst wenn ich solch eine in meinem Archiv hätte. So z. B. hatte ich große Schwierigkeiten eine Handschrift zu finden, deren Unterlängen Verdickungen in Form eines Tropfens aufwiesen, und Sie werden bei genauer Betrachtung beobachten können, dass diese künstlich ausgeführt wurde (Kapitel XV, Druckstellen bei kleinen Schriften, Beispiel III). Nichtsdestoweniger glaube ich aber, dem Lernenden anhand der vielen Beispiele die Möglichkeit gegeben zu haben, den Text gut zu verstehen und auch sein Auge zu trainieren. Nicht die Schrift selbst, sondern die Merkmale der verschiedenen Handschriften sollen bei einer späteren Analyse gesucht werden.
*Ich hätte auch eine Tabelle mit verschiedenen Handschriften aufstellen können und meine jeweiligen Ausführungen auf die eine oder andere Handschrift hinweisen können, wie es bei den meisten Büchern dieser Art gemacht wurde. Gerade dies aber wollte ich vermeiden, denn der Leser ist dadurch dauernd gezwungen, die Lektüre zu unterbrechen und in der Tabelle herumzublättern. Ganz davon abgesehen, dass der Lernende dadurch dauernd abgelenkt wird, kann diese Umständlichkeit dazu führen, dem Lernenden das Studium zu vergällen. Der Zweck dieses Buches aber soll gerade das Gegenteil bewirken: In jedem das Interesse und die Freude an dem Studium der Graphologie zu erwecken und zu erhalten.*

Auch habe ich mich soweit wie möglich von weitschweifenden Erklärungen, so wie z. B. über die technische Ausführung der verschiedenen Schreibbewegungen usw., zurückgehalten. Obwohl diese wichtig sind und sozusagen die Grundlage der Graphologie darstellen, traue ich dem interessierten Leser genügend Verständnis zu, am Ende dieser Lektüre sozusagen von *selbst* darauf zu kommen. Die Grundlage zu diesem Verständnis habe ich geliefert, sodass jeder, der über das eine oder andere Merkmal etwas nachdenkt, auch das Ungeschriebene erfassen wird.

Die Graphologie, wie jegliches andere Studium, das sich auf den Menschen, dessen Verhalten, Charakter usw. bezieht, wird nie vollkommen sein und derjenige Lernende, der sich noch weiterbilden möchte, wird Gelegenheit und Bücher finden, die ihm dies ermöglichen werden.
Nachdem Sie nun den Inhalt dieses Buches studiert haben, sind Sie zwar kein Berufs-Graphologe, aber nichtsdestoweniger sind Sie gut vorbereitet, sich selbst und Ihre Mitmenschen besser zu verstehen. Dies sollte dazu beitragen Ihr Leben und Treiben schöner und verständnisvoller zu gestalten.
Sie werden nunmehr auch zu der Einsicht gekommen sein, dass es auf der Basis der menschlichen Beziehungen keine Abzweigung gibt, bei der uns gewisse graphologische Kenntnisse nicht von Nutzen sein können.

Ich wünsche Ihnen noch recht viel Freude und Erfolg durch das Studium.

Ihr Walter R. Leonhardt